für Granny

von Miriam :)

24.01.16

Dalai Lama

RÜCKKEHR ZUR MENSCHLICHKEIT

Weitere Titel des Autors:

Das Buch der Freiheit
Das Buch der Menschlichkeit
Der Tibetische Buddhismus und der Westen
Die Weisheit des Verzeihens (als Hörbuch)

Titel in der Regel auch als E-Book erhältlich

Seine Heiligkeit
DER XIV. DALAI LAMA

RÜCKKEHR ZUR MENSCHLICHKEIT

NEUE WERTE
IN EINER GLOBALISIERTEN
WELT

Aus dem Englischen von
Waltraud Götting

LÜBBE

Dieser Titel ist auch als Hörbuch und E-Book erschienen.

Lübbe Hardcover in der Bastei Lübbe GmbH & Co. KG

Titel der englischen Originalausgabe:
»Beyond Religion: Ethics for a Whole World«

Textredaktion: Dr. Anita Krätzer
Umschlaggestaltung: Gisela Kullowatz
Umschlagmotiv: © shutterstock/nagib
Satz: Dörlemann Satz, Lemförde
Gesetzt aus der Adobe Caslon
Druck und Einband: GGP Media GmbH, Pößneck

Printed in Germany
ISBN 978-3-7857-2441-5

2 4 5 3 1

Sie finden uns im Internet unter: www.luebbe.de
Bitte beachten Sie auch: www.lesejury.de

INHALT

VORWORT

Als ich dieses Buch schrieb, hatte ich das Glück, von dem gleichen, noch um ein paar weitere Personen verstärkten Team unterstützt zu werden, mit dem ich bereits beim *Buch der Menschlichkeit* zusammengearbeitet habe. Ich möchte daher den beteiligten Mitarbeitern meines Privatbüros für ihr großes Engagement, meinem langjährigen Übersetzer Thupten Jinpa Langri für seine unschätzbare Hilfe sowie Alexander Norman und seinem Partner George FitzHerbert für ihre redaktionelle Sorgfalt danken.

Ich hoffe von Herzen, mit dem, was ich hier geschrieben habe, einen Beitrag – und sei er auch noch so klein – dazu leisten zu können, eine von mehr Mitgefühl geprägte, friedlichere Welt zu schaffen. Natürlich werden wir die Welt nicht über Nacht verändern. Und wir werden sie auch nicht mit einem schmalen Büchlein wie dem vorliegenden ändern. Die Veränderung kann sich nur schrittweise durch ein wachsendes Bewusstsein einstellen, und das Bewusstsein wird durch Bildung entstehen. Wenn die Leserin oder der Leser in diesem Buch irgendetwas Nützliches findet, hat sich unsere Mühe gelohnt. Wer allerdings nichts dergleichen findet, sollte keine Hemmungen haben, es aus der Hand zu legen.

Dharamsala
Juni 2011

EINLEITUNG

Ich bin jetzt ein alter Mann. Geboren wurde ich 1935 in einem kleinen Dorf im Nordosten Tibets. Aus Gründen, die nicht meinem Einfluss unterliegen, habe ich den größten Teil meines Erwachsenenlebens als staatenloser Flüchtling in Indien zugebracht, das seit über fünfzig Jahren meine zweite Heimat ist. Ich bezeichne mich oft scherzhaft als Indiens Gast mit der längsten Verweildauer. Ebenso wie andere Menschen in meinem Alter habe ich viele der dramatischen Ereignisse miterlebt, welche die Welt, in der wir leben, geformt haben. Seit Ende der 1960er Jahre bin ich auch viel in der Welt herumgekommen und hatte die Ehre, Menschen unterschiedlichster Herkunft kennenzulernen – nicht nur Präsidenten und Premierminister, Könige, Königinnen und die Oberhäupter aller Weltreligionen, sondern auch unzählige Durchschnittsmenschen aus allen gesellschaftlichen Schichten.

Wenn ich auf die vergangenen Jahrzehnte zurückblicke, sehe ich viel Grund zur Freude. Dank des medizinischen Fortschritts wurden tödliche Krankheiten besiegt. Millionen Menschen wurden aus der Armut befreit und haben Zugang zu Bildung und medizinischer Versorgung bekommen. Wir haben eine UN-Menschenrechtscharta, und das Bewusstsein für die Bedeutung dieser Rechte hat ungemein zugenommen. Das hatte zur Folge, dass sich der Gedanke der Freiheit und der Demokratie in der Welt weiter verbreitet hat, und es wächst die Erkenntnis, dass die Menschheit ein zusammengehöriges Ganzes ist. Auch die Bedeutung einer intakten Umwelt wird uns zunehmend bewusst. In vielerlei Hinsicht waren die letzten fünfzig Jahre eine Zeit des Fortschritts und der positiven Veränderungen.

Gleichzeitig gibt es ungeachtet der großen Fortschritte in sehr vielen Bereichen immer noch großes Leid, und es türmen sich weiterhin gewaltige Schwierigkeiten und Probleme vor der Menschheit auf. Während die Menschen in den reicheren Ländern der Welt ein von hohem Konsum geprägtes Leben führen, können unzählige Millionen nicht einmal ihre elementarsten Bedürfnisse befriedigen. Mit dem Ende des Kalten Krieges ist die Gefahr eines weltweiten Atomkrieges in den Hintergrund getreten, aber immer noch leiden viele Menschen unter den tragischen Folgen bewaffneter Konflikte. In vielen Teilen der Welt haben Menschen zudem mit Umweltproblemen zu kämpfen, die ihren Lebensunterhalt bedrohen oder noch schlimmere Konsequenzen für sie haben, während sich andere in einem Umfeld der Ungleichheit, Korruption und Ungerechtigkeit behaupten müssen.

Nöte dieser Art sind nicht auf die Entwicklungsländer beschränkt. Auch die reichen Industrienationen sehen sich mit Problemen konfrontiert, zu denen weitverbreitete gesellschaftliche Probleme wie Alkoholismus, Drogenmissbrauch, häusliche Gewalt und der Zerfall der Familie gehören. Die Menschen machen sich Sorgen um ihre Kinder, um deren Bildung und Erziehung und darum, was die Zukunft für sie bereithält. Zu alledem müssen wir erkennen, dass wir mit unserer Lebensweise unseren Planeten möglicherweise unwiderruflich zerstören, und auch das ist eine Bedrohung, die weitere Ängste erzeugt. Und all die Belastungen unserer Zeit führen dazu, dass wir unter Stress, Angstgefühlen und Depressionen leiden und zunehmend vereinsamen. Die Folge ist, dass die Menschen, wohin ich auch komme, klagen. Sogar ich selbst ertappe mich manchmal dabei, dass ich klage!

Fest steht, dass in der Art, wie wir Menschen an die Dinge herangehen, irgendetwas Entscheidendes fehlt. Aber was ist es, das uns fehlt? Das grundlegende Problem besteht meiner Ansicht nach darin, dass wir den äußeren, materiellen Aspekten des Lebens in jeder Hinsicht zu viel Aufmerksamkeit schenken, während wir die ethischen, inneren Werte vernachlässigen.

Mit inneren Werten meine ich die Qualitäten, die wir alle bei anderen schätzen und die in uns angelegt sind, weil wir durch unsere biologische Natur zu den Tieren gehören, die nur in einem Umfeld der Fürsorge, Zuneigung und Warmherzigkeit – mit einem Wort: des Mitgefühls – überleben und gedeihen können. Das Wesen des Mitgefühls besteht in dem Wunsch, das Leid anderer zu lindern und ihr Wohlergehen zu fördern. Das ist der spirituelle Grundsatz, aus dem alle anderen positiven inneren Werte hervorgehen. Wir alle schätzen an anderen Eigenschaften wie Güte, Geduld, Toleranz, Versöhnlichkeit und Großzügigkeit, und im gleichen Maße sind uns alle Anzeichen von Habgier, Bosheit, Hass und Engstirnigkeit zuwider. Wenn wir also die positiven inneren Qualitäten des menschlichen Herzens fördern, die unserer Grundveranlagung zum Mitgefühl entspringen, und lernen, gegen unsere destruktiveren Neigungen anzukämpfen, wird dies jedermanns Zustimmung finden. Und die Ersten, die von einer solchen Stärkung unserer inneren Werte profitieren, sind zweifellos wir selbst. Wenn wir gleichgültig sind gegenüber unserem Innenleben, tun wir dies auf eigene Gefahr, denn ein großer Teil der gravierendsten Probleme, mit denen wir in der heutigen Welt konfrontiert sind, ist das Ergebnis dieser Gleichgültigkeit.

Vor kurzem war ich in Orissa, einem Bundesstaat im Osten Indiens. Die Armut, die in diesem Teil des Subkontinents vor allem unter den Stammesvölkern herrscht, hat in den vergangenen Jahren zunehmend zu Konflikten und Unruhen geführt. Bei einem Treffen mit einem Parlamentsmitglied aus der Region habe ich das Thema angesprochen. Ich erfuhr, dass es bereits Gesetze zum Schutz der Stammesvölker sowie eine Reihe finanziell gut ausgestatteter Regierungsprogramme zur Verbesserung ihrer Lebenssituation gibt. Das Problem, so sagte mein Gesprächspartner, sei aber, dass die von der Regierung zur Verfügung gestellten Mittel diejenigen, für die sie bestimmt seien, nicht erreichen. Wenn solche Hilfsprojekte durch die Unfähigkeit, Korruption und Verantwortungslosigkeit derer, die sie leiten sollen, unterlaufen werden, sind sie nutzlos.

Dieses Beispiel zeigt deutlich: Selbst wenn ein System auf gesunden Füßen steht, hängt seine Leistungsfähigkeit davon ab, wie es *umgesetzt* wird. Letztlich können alle Systeme, Gesetze und Maßnahmen nur so wirkungsvoll sein wie die Menschen, die für ihre Umsetzung verantwortlich sind. Wenn ein gutes System aufgrund mangelnder persönlicher Integrität missbraucht wird, kann es leicht mehr Schaden als Nutzen stiften. Das ist eine allgemeine Wahrheit, die für alle Bereiche des menschlichen Tuns gilt, selbst für die Religion. Auch sie kann, wenn sie missbraucht wird, zu einer Quelle des Streits und der Spaltung werden, obwohl ihr sicher die Möglichkeit innewohnt, den Menschen dabei zu helfen, ein sinnvolles und glückliches Leben zu führen. Gleiches gilt für den Handel und die Finanzen: Auch wenn die Systeme selbst gesund sein mögen, werden ihre Vorteile unterminiert, wenn sie von skrupellosen Menschen benutzt werden, deren Denken und Tun von Eigennutz und Habgier bestimmt sind. Leider können wir dies in vielen gesellschaftlichen Bereichen beobachten, sogar im internationalen Sport, wo Korruption oft das fundamentale Prinzip des Fair Play gefährdet.

Natürlich sind sich viele scharfsichtige Menschen dieser Probleme bewusst und versuchen in ihrem eigenen beruflichen Umfeld ernsthaft dagegen anzugehen. Politiker, Beamte, Anwälte, Pädagogen, Umweltschützer, Aktivisten und andere – Menschen aus allen erdenklichen Bereichen – engagieren sich bereits in diesem Sinne. Tatsache ist jedoch, dass wir, so positiv diese Bemühungen auch sein mögen, unsere Probleme nicht allein dadurch lösen werden, dass wir neue Gesetze und Vorschriften erlassen. Letztendlich sind unsere Probleme auf der individuellen Ebene angesiedelt. Wenn es den Menschen an Werten und Integrität fehlt, reicht das beste Regel- und Gesetzeswerk nicht aus. Solange sich das Hauptinteresse der Menschen auf materielle Werte richtet, wird es Ungerechtigkeit, Ungleichheit, Intoleranz und Habgier – alles äußere Zeichen einer Vernachlässigung der inneren Werte – geben.

Was also sollen wir tun? Wo sollen wir Hilfe suchen? Die Wissenschaft hat bisher bei allem Nutzen, den sie für die materielle Welt gebracht hat, noch keine wissenschaftliche Basis für die Entwicklung der Grundlagen persönlicher Integrität geliefert, also für die elementaren inneren Werte, die wir an anderen schätzen und die in uns selbst zu fördern wir gut beraten wären. Vielleicht sollten wir die inneren Werte in der Religion suchen, wie es die Menschen jahrtausendelang getan haben? Sicher, die Religion hat in der Vergangenheit Millionen Menschen geholfen, hilft heute noch Millionen und wird dies auch in der Zukunft tun. Aber so hilfreich sie als moralische Orientierungshilfe und als Sinnstiftungsmoment für uns auch sein mag – in der säkularen Welt von heute reicht die Religion als ethische

Grundlage nicht mehr aus. Einer der Gründe hierfür ist, dass viele Menschen keiner bestimmten Religion mehr anhängen. Ein weiterer Grund liegt darin, dass die Menschen im Zeitalter der Globalisierung und in multikulturellen Gesellschaften immer stärker miteinander vernetzt sind und eine in einer bestimmten Religion verwurzelte Ethik nicht für alle eine Bedeutung hat, sondern nur einige von uns anspricht.

Früher, als die Völker noch relativ isoliert voneinander waren – wie wir Tibeter beispielsweise, die wir viele Jahrhunderte lang einigermaßen glücklich hinter unserer Wand aus Bergen lebten –, war es kein Problem, dass die einzelnen Gemeinschaften ihre jeweils eigenen, religiös begründeten ethischen Einstellungen vertraten. Doch keine auf der Basis einer Religion entwickelte Antwort auf das Problem der Vernachlässigung unserer inneren Werte kann heute für alle gelten, und deshalb ist solch eine Basis nicht mehr angemessen. Was wir heute brauchen, ist eine ethische Grundlage, die sich nicht auf Glaubenssysteme bezieht und daher sowohl für religiöse als auch für nichtreligiöse Menschen annehmbar ist: eine säkulare Ethik.

Diese Aussage mag aus dem Munde eines Mannes, der von klein auf die Mönchskutte getragen hat, seltsam klingen. Aber ich sehe darin keinen Widerspruch. Mein Glaube schreibt mir vor, mich für das Wohlergehen und den Nutzen aller empfindenden Wesen einzusetzen, und ich handele vollkommen in diesem Sinne, wenn ich über meine eigene Religion hinaus auch den Angehörigen anderer Religionen und jenen, die keiner Religion angehören, die Hand reiche.

Ich bin zuversichtlich, dass es möglich und lohnend ist zu versuchen, einen neuen Weg zu einer allgemeingültigen säkularen Ethik zu beschreiten. Diese Zuversicht speist sich aus meiner Überzeugung, dass alle Menschen im Grunde ihres Wesens zu dem neigen oder zu dem streben, was wir als gut empfinden. Was wir auch tun, wir tun es, weil wir glauben, dass es in irgendeiner Weise nützlich ist. Zugleich wissen wir alle die Güte anderer zu schätzen. Wir alle fühlen uns naturgemäß zu den elementaren menschlichen Werten der Liebe und des Mitgefühls hingezogen. Uns allen ist Nächstenliebe angenehmer als Hass gegenüber anderen. Die Großzügigkeit anderer ist uns lieber als ihre Gemeinheit. Und wer von uns würde nicht lieber mit Toleranz, Respekt und Nachsicht behandelt werden als mit Engstirnigkeit, Nichtachtung und Feindseligkeit?

Angesichts dessen bin ich fest davon überzeugt, dass wir über Wege und Mittel verfügen, eine Basis für unsere inneren Werte zu schaffen, die keiner Religion widerspricht, aber auch, und das ist von entscheidender Bedeutung, von keiner Religion abhängig ist. Im Verlauf dieses Buches werde ich Vorschläge für die Entwicklung und Umsetzung eines solchen neuen Ethiksystems machen. Ich hoffe, auf diese Weise zu einem besseren Verständnis der Notwendigkeit einer ethischen Bewusstheit und innerer Werte in unserem Zeitalter des ausufernden Materialismus beitragen zu können.

Von Anfang an möchte ich klarstellen, dass ich nicht die Absicht habe, moralische Werte zu diktieren. Das würde niemandem nützen. Der Versuch, anderen moralische Grundsätze von außen aufzuzwingen und sie sozusagen auf Befehl vorzuschreiben, wäre von vornherein zum Scheitern verurteilt. Vielmehr appelliere ich an jeden Einzelnen von uns, sein eigenes Verständnis von der Bedeutung innerer Werte zu entwickeln. Denn diese inneren Werte bilden den Urgrund, aus dem sich sowohl eine ethisch harmonische Welt als auch der individuelle innere Frieden, die Zuversicht und das Glück, nach dem wir alle streben, speisen. Natürlich können alle großen Weltreligionen mit ihrer Betonung der Liebe, des Mitgefühls, der Geduld, der Toleranz und der Versöhnlichkeit innere Werte fördern, und das tun sie auch. Aber angesichts der Realität unserer heutigen Welt ist es nicht mehr angemessen, die Ethik auf die Religion zu gründen. Darum ist es, glaube ich, an der Zeit, unserem Verständnis von Spiritualität und Ethik einen neuen Weg jenseits der Religion zu eröffnen.

TEIL I

EINE NEUE SÄKULARE ETHIK

1 DEN SÄKULARISMUS NEU DURCHDENKEN

INNERE WERTE IN EINEM ZEITALTER DER WISSENSCHAFT

Ich bin ein Mann der Religion, aber die Religion allein kann nicht all unsere Probleme lösen.

Kürzlich habe ich an einer formellen Eröffnungszeremonie für einen neuen buddhistischen Tempel in Bihar, einem besonders bevölkerungsreichen und armen Bundesstaat im Norden Indiens, teilgenommen. Der Ministerpräsident von Bihar, mit dem ich seit langem befreundet bin, hielt eine schöne Rede, in der er seiner Überzeugung Ausdruck gab, der Staat Bihar werde nun mit Hilfe von Buddhas Segen aufblühen. Als ich an der Reihe war mit einer Rede, meinte ich halb im Scherz, dass Bihar schon vor langer Zeit hätte aufblühen müssen, wenn sein Wohlstand allein vom Segen Buddhas abhängig wäre. Schließlich befinde sich das größte Heiligtum der Buddhisten in Bihar – Bodhgaya, der Ort, an dem der historische Buddha die vollkommene Erleuchtung erlangte. Damit sich die Dinge wirklich verändern, brauchten wir mehr als den Segen Buddhas, so machtvoll er auch sein möge, und mehr als Gebete. Es müsse auch gehandelt werden, und das geschehe nur durch die fähigen Anstrengungen des Ministerpräsidenten und seinesgleichen!

Damit will ich nicht sagen, dass Gebete nutzlos sind. Ganz und gar nicht: Meiner Meinung nach hat das Beten einen immensen psychologischen Nutzen. Aber wir müssen uns damit abfinden, dass seine konkrete Wirkung oft nur schwer zu erkennen ist. Wenn es um belastbare, direkte Ergebnisse geht, kann das Gebet beispielsweise nicht mit den Errungenschaften der modernen Wissenschaft Schritt halten. Als ich vor ein paar Jahren erkrankte, war es natürlich tröstlich zu wissen, dass es Menschen gab, die für mich beteten, aber, das muss ich gestehen, noch tröstlicher war es zu wissen, dass das Krankenhaus, in dem ich lag, über die neuesten Geräte zur Behandlung meiner Krankheit verfügte.

Wenn man bedenkt, dass die Menschheit seit etwa zweihundert Jahren die physikalische Welt in immer stärkerem Maße beherrscht, ist es nicht verwunderlich, dass sich manche Leute fragen, ob wir die Religion überhaupt brauchen. Dinge, von denen man in früheren Zeiten nur träumen konnte – die Überwindung von Krankheiten, die Raumfahrt, Computer – sind durch die Wissenschaft Wirklichkeit geworden. Daher ist es kein Wunder, dass viele Menschen ihre ganze Hoffnung auf die Wissenschaft setzen und sogar glauben, Glück sei mit den Mitteln, die uns die materielle Wissenschaft an die Hand gibt, zu erlangen.

Doch während ich verstehe, warum die Wissenschaft den Glauben aus der Perspektive der traditionellen Religion in mancher Hinsicht untergraben hat, sehe ich keinen Grund, warum wissenschaftlicher Fortschritt diese Wirkung auch für das Konzept der inneren oder spirituellen Werte haben sollte. Vielmehr werden diese inneren Werte im Zeitalter der Wissenschaft dringender benötigt als je zuvor.

Um in diesem wissenschaftlichen Zeitalter ein überzeugendes Plädoyer für die Bedeutung innerer Werte und einer ethischen Lebensführung zu halten, wäre es am besten, rein wissenschaftlich zu argumentieren. Auch wenn eine solche Argumentation, die sich ausschließlich auf die Ergebnisse wissenschaftlicher Forschung stützt, noch nicht möglich ist, bin ich überzeugt, dass sich mit der Zeit immer mehr gesicherte wissenschaftliche Beweise für den Nutzen innerer ethischer Werte herauskristallisieren werden.

Sicher bin ich kein Wissenschaftler, und als ich ein Kind war, gehörte die moderne Wissenschaft nicht zu meinem offiziellen Lehrplan. Aber seit ich im Exil lebe, habe ich sehr vieles nachgeholt. Seit über dreißig Jahren treffe ich mich regelmäßig mit Experten und Forschern aus vielen Wissenschaftsbereichen einschließlich der Physik, der Kosmologie, der Biologie, der Psychologie und neuerdings auch der Neurowissenschaften. In der kontemplativen Tradition aller Religionen wird der Erforschung der inneren Welt der Erfahrung und des Bewusstseins große Bedeutung beigemessen, darum bestand eines meiner Ziele bei diesen Gesprächen unter anderem darin, mehr über das wissenschaftliche Verständnis von Bereichen wie dem Denken, Fühlen und subjektiven Erleben zu erfahren.

Dass diese Themen, die so lange vernachlässigt wurden, in der Wissenschaft und insbesondere in den Neurowissenschaften heute zunehmend an Bedeutung gewinnen, stimmt mich zuversichtlich. Und ich beobachte mit Freude, dass sich die wissenschaftlichen Methoden auf diesen Gebieten dahingehend verändern, dass das bisher geltende Prinzip der objektiven Verifizierbarkeit durch einen Beobachter nun um den Bereich des subjektiven Erlebens erweitert wird. Beispielhaft für diese neue Entwicklung ist der neurophänomenologische Ansatz meines verstorbenen Freundes Francisco Varela.

Darüber hinaus beschäftigt mich seit langem die Frage nach einer wissenschaftlichen Grundlage, auf der sich die Wirkungen der kontemplativen Praktik und der bewussten Entwicklung von Werten wie Mitgefühl, liebender Güte, Achtsamkeit und innerer Ruhe verstehen lassen. Denn wenn sich wissenschaftlich beweisen ließe, dass solche Praktiken sowohl möglich als auch nützlich sind, könnten sie möglicherweise sogar im allgemeinen Bildungssystem verankert und gefördert werden.

Zum Glück haben Evolutionsbiologie, Neurowissenschaften und andere Forschungsgebiete inzwischen eine substanzielle Menge an Ergebnissen vorgelegt, die selbst unter Anlegung strengster wissenschaftlicher Kriterien nahelegen, dass Selbstlosigkeit und Rücksichtnahme auf andere nicht nur in unserem eigenen Interesse, sondern auch gewissermaßen in unserer biologischen Natur angelegt sind. Diese Erkenntnisse, gepaart mit dem, was wir aus persönlicher Erfahrung wissen und was uns unser gesunder Menschenverstand sagt, liefern meiner Ansicht nach überzeugende Argumente dafür, welchen Nutzen es bringt, elementare menschliche Werte zu fördern, die unabhängig von religiösen Grundsätzen oder überhaupt von einem Glauben sind. Und das begrüße ich.

ANNÄHERUNG AN DEN SÄKULARISMUS

Dies ist die Grundlage dessen, was ich als »säkulare Ethik« bezeichne. Mir ist bewusst, dass einige Menschen, vor allem einige Christen und Muslime, meinen Gebrauch des Wortes »säkular« als problematisch betrachten. Für manche beinhaltet schon der Begriff eine ablehnende oder gar feindselige Haltung gegenüber der Religion. Sie haben vielleicht den Eindruck, dass ich, indem ich das Wort gebrauche, dafür plädiere, die Religion aus ethischen Systemen oder gar aus allen Bereichen des öffentlichen Lebens zu verbannen. Das jedoch liegt mir fern. Mein Verständnis des Wortes »säkular« gründet sich vielmehr auf die Art, wie der Begriff im Allgemeinen in Indien gebraucht wird.

Indien hat heute eine säkulare Verfassung und ist stolz darauf, ein säkulares Land zu sein. Die indische Definition des Wortes »säkular« drückt keine Ablehnung von Religion oder religiösen Menschen aus, sondern sie beinhaltet vielmehr einen tiefen Respekt vor und eine Toleranz gegenüber allen Religionen. Sie schließt eine integrierende, vorurteilslose Haltung ein, die auch Nichtgläubige einbezieht.

Dieses Verständnis von Säkularismus – im Sinne gegenseitiger Toleranz und Achtung sowohl gegenüber allen Religionen als auch gegenüber Nichtgläubigen – entspringt dem besonderen geschichtlichen und kulturellen Hintergrund Indiens. Auf die gleiche Weise leitet sich, wie ich annehme, das westliche Verständnis des Begriffs aus der europäischen Geschichte her. Ich bin kein Historiker und sicher kein Experte auf diesem Gebiet, aber ich denke, dass mit den rasanten Fortschritten der Wissenschaft in Europa eine immer größere Hinwendung zur Rationalität erfolgte. Und diese Rationalität beinhaltete unter anderem eine Ablehnung dessen, was nun als Aberglaube der Vergangenheit eingestuft wurde. Für viele radikale Denker der damaligen Zeit – und das gilt auch noch heute – beinhaltete die Hinwendung zur Rationalität zwangsläufig die Abkehr vom religiösen Glauben. Die Französische Revolution, in der so viele Ideale der Aufklärung zum Tragen kamen, war mit ihrer religionsfeindlichen Ausprägung beispielhaft für diese Tendenz.

Natürlich kamen in der Ablehnung der Religion auch wichtige gesellschaftskritische Aspekte zum Ausdruck. Religion und Kirche galten nun als konservativ und traditionsverhaftet und wurden mit den alten Regimen und all ihren Fehlern und Schwächen assoziiert. Als Folge dieser historischen Entwicklung haben viele einflussreiche Denker und Reformer des Westens in den vergangenen zwei Jahrhunderten die Religion nicht als einen Weg zur Befreiung des Menschen gesehen, sondern als ein Hindernis, das dem Fortschritt im Wege steht. Vom Marxismus, einer der mächtigsten säkularen Ideologien des 20. Jahrhunderts, wurde die Religion sogar als »Opium fürs Volk« gebrandmarkt. Das hatte schwerwiegende Folgen, denn die kommunistischen Regime unterdrückten in weiten Teilen der Welt die Religion gewaltsam.

Meiner Einschätzung nach ist es ein Ergebnis dieser Geschichte, dass der Säkularismus und die Religion im Westen so oft als unvereinbare Gegensätze angesehen werden und die Verfechter beider Seiten sich ein beträchtliches Maß an Misstrauen und Feindseligkeit entgegenbringen. Während ich jedoch die Auffassung ablehne, die Religion stehe der menschlichen Entwicklung im Wege, finde ich, dass ablehnende Gefühle gegenüber der Religion historisch betrachtet durchaus verständlich sein können. Die Geschichte konfrontiert uns mit der unangenehmen Wahrheit, dass religiöse Institutionen und Anhänger sämtlicher Glaubensgemeinschaften irgendwann andere ausgebeutet haben. Die Religion hat auch nicht selten als Vorwand für Kriege und Unterdrückung gedient. Selbst der Buddhismus mit seiner Lehre von der Gewaltlosigkeit kann diesen Vorwurf nicht gänzlich von sich weisen.

Wenn also – im Westen oder anderswo – die negative Einstellung zur Religion der Sorge um Gerechtigkeit entspringt, muss man sie respektieren. Mehr noch: Wer die Scheinheiligkeit von Religionsvertretern aufzeigt, die den von ihnen selbst proklamierten ethischen Prinzipien zuwiderhandeln, und wer sich gegen Ungerechtigkeiten erhebt, die von religiösen Institutionen und ihren Repräsentanten begangen werden, der stärkt sogar die Tradition selbst und nützt ihr. Bei der Bewertung einer solchen kritischen Einstellung muss man jedoch unterscheiden zwischen der Kritik, die sich gegen die Religion als solche richtet, und jener, die den religiösen Institutionen gilt, denn das können zwei vollkommen verschiedene Dinge sein.

Der Gedanke der sozialen Gerechtigkeit widerspricht meiner Ansicht nach in keiner Weise irgendwelchen religiösen Grundsätzen, denn im Mittelpunkt aller großen Glaubenslehren steht das Bemühen, die positivsten Charaktereigenschaften des Menschen zu fördern und Werte wie Güte, Mitgefühl, Versöhnlichkeit, Geduld und persönliche Integrität zu nähren und zu stärken.

DER SÄKULARISMUS IN INDIEN

Für mich hat das Wort »säkular« also nichts Beängstigendes. Ich denke dabei vielmehr an die Gründerväter von Indiens säkularer Verfassung, an Menschen wie Bhimrao Ramji Ambedkar oder Rajendra Prasad, den persönlich zu kennen ich die Ehre hatte. Mit ihrem Eintreten für einen säkularen Staat verfolgten sie keineswegs das Ziel, die Religion abschaffen, sondern es war für sie die formelle Anerkennung der religiösen Vielfalt in der indischen Gesellschaft. Mahatma Gandhi, dessen Geist die Verfassung geprägt hat, war selbst ein zutiefst religiöser Mensch. In den Gebetsrunden, die er täglich abhielt, wurden aus allen großen Glaubensrichtungen des Landes Texte gelesen und Lieder gesungen. Bei öffentlichen Feierlichkeiten in Indien wird diese bemerkenswerte Tradition bis zum heutigen Tag gepflegt.

Religiöse Toleranz, wie Gandhi sie verkörpert hat, ist in Indien nichts Neues. Ihre Wurzeln reichen mehr als zweitausend

Jahre in die Vergangenheit zurück, wie sich beispielsweise in den Edikten offenbart, die König Ashoka im 3. Jahrhundert vor unserer Zeitrechnung in Säulen meißeln ließ. Eine dieser Inschriften enthält die Aufforderung, man solle »die Religion eines anderen achten, denn wenn man dies tut, stärkt man die eigene ebenso wie die des anderen«. Auch in der Sanskrit-Literatur offenbart sich eine klassische Kultur, die von einer großen intellektuellen Toleranz und Diskussionsfreude geprägt war. Seit Urzeiten sind viele philosophische Standpunkte in Indien Gegenstand ausführlicher Debatten. Selbst Ansichten, die den materialistischen und atheistischen Strömungen unserer Tage sehr nahekommen, haben in der indischen Geschichte und Kultur ihren ehrenvollen Platz. In den klassischen Schriften sind viele Bezüge zur Charvaka-Schule enthalten, deren Anhänger die Existenz eines Gottes, einer Seele und eines Lebens nach dem Tod verneinten. Obwohl die Ansichten der Charvaka-Schule oft als nihilistisch kritisiert wurden, nahm man deren radikalen Materialismus als philosophischen Standpunkt ernst und bezeichnete ihren Gründer im Allgemeinen als *rishi*, also als »Weisen«. Charvaka-Anhänger erfuhren darüber hinaus ein gewisses Maß an Respekt und Anerkennung von indischen Herrschern, von denen viele eine außergewöhnliche Toleranz gegenüber anderen religiösen Überzeugungen an den Tag legten. Ein Beispiel hierfür ist der muslimische Großmogul Akbar, der den Dialog mit Hindus, Christen und anderen religiösen Gemeinschaften pflegte.

Ich habe vor einiger Zeit ein erhellendes Gespräch über dieses Thema mit dem ehemaligen Vizepremierminister Indiens, Lal Krishna Advani, geführt. Er begründete die Tatsache, dass die säkulare Demokratie in Indien so erfolgreich gewahrt wird, mit genau dieser langen kulturellen Tradition der Toleranz, der

Vielfalt und der Diskussionsbereitschaft. Ich bin sicher, dass er recht hat. Heute gehören die meisten Menschen in Indien dem Hinduismus an, aber andere Religionen sind ebenfalls stark vertreten. In Indien lebt die zweitgrößte muslimische Gemeinde der Welt – eine Tatsache, die im Westen oft übersehen wird. Es leben überdies Millionen von Sikhs und Christen im Land, ebenso wie eine beträchtliche Zahl von Jainisten, Buddhisten, Zoroastriern und Juden. In Indien gibt es zudem so viele ethnische und religiöse Minderheiten, dass man Mühe hätte, sie alle aufzuzählen. Und die verschiedenen Sprachen, die heute in Indien gesprochen werden, gehen in die Hunderte.

Inmitten dieser gewaltigen kulturellen Vielfalt gehört es zum Alltag, dass Hindutempel und muslimische Minarette in den Städten einträchtig nebeneinanderstehen. Selbst in den Dörfern gibt es mehr als nur eine Religionsgemeinschaft. Ich habe kürzlich einen Rumänen kennengelernt, der im Rahmen eines Forschungsprojekts mehrere indische Dörfer besucht hatte. Er erzählte mir von einem vorwiegend muslimischen Dorf in Rajasthan, in dem nur drei hinduistische Familien lebten, und äußerte sich erstaunt darüber, dass diese Familien überhaupt kein Gefühl der Angst oder Sorge hatten. Wahrscheinlich war sein Erstaunen auf die Berichterstattung westlicher Medien zurückzuführen, in der die kommunalen Beziehungen Indiens oft irreführend dargestellt werden. Es hat einige gravierende Fälle lokaler Gewalt in Indien gegeben, aber es ist falsch, sie zu verallgemeinern und auf den gesamten Subkontinent zu übertragen. Abgesehen von solchen einzelnen Zwischenfällen beherbergt Indien trotz seiner großen Vielfalt eine friedliche und harmonische Gesellschaft. Das alte indische Prinzip der Gewaltlosigkeit, *ahimsa*, wurde offensichtlich von allen Glaubensrichtungen gepflegt und als Grundlage der friedlichen Koexistenz übernommen. Das ist eine große Errungenschaft, an der sich andere Länder der Welt ein Beispiel nehmen können.

TOLERANZ IM ZEITALTER DER GLOBALISIERUNG

Ich beschreibe mich selbst manchmal als modernen Vermittler des alten indischen Denkens. Zwei der wichtigsten Prinzipien, die mich auf allen meinen Reisen begleiten – die Prinzipien der Gewaltlosigkeit und der Harmonie zwischen den Religionen – gehen auf das klassische kulturelle Erbe Indiens zurück. Auch wenn ich natürlich Tibeter bin, betrachte ich mich in gewisser Hinsicht auch als einen Sohn Indiens. Seit meiner Kindheit waren die klassischen Schriften der indischen Philosophie meine geistige Nahrung. Von der Zeit an, da ich als Sechsjähriger meine Studien als Mönch aufnahm, stammten die meisten Schriften, die ich gelesen und mir eingeprägt habe, von buddhistischen Meistern Indiens, von denen viele an der Universität Nalanda in Zentralindien gelehrt haben. Und vom frühen Erwachsenenalter an war auch meine leibliche Nahrung indisch: Reis und *dal* (Linsen).

Ich trete also sehr gern für diese indische Auffassung von Säkularismus ein, weil ich der Meinung bin, dass sie für alle Menschen von großem Nutzen sein kann. In unserer vernetzten und globalisierten Welt ist es normal, dass Menschen mit unterschiedlichen Weltanschauungen, religiösen Überzeugungen und ethnischen Wurzeln Seite an Seite miteinander leben. Ich finde dies auf meinen Reisen immer wieder beeindruckend, vor allem im Westen. Für viele von uns ist es heute möglich oder sogar wahrscheinlich, dass ihr Nachbar, Arbeitskollege oder Chef eine andere Muttersprache spricht, andere Essgewohnheiten hat und einer anderen Religion angehört als sie selbst.

Es ist darum dringend geboten, dass wir Wege finden, im Geiste gegenseitiger Anerkennung und Achtung miteinander umzugehen. Denn auch wenn viele Menschen Freude daran haben, in einem kosmopolitischen Umfeld zu leben, in dem sie mit einem breiten Spektrum unterschiedlicher Kulturen in Berührung kommen, gibt es zweifellos auch solche, denen es Probleme bereitet, in enger Nachbarschaft mit Leuten zu leben, die nicht ihre Sprache sprechen und nicht ihrem Kulturkreis angehören. Ein solches Zusammenleben kann Gefühle der Unsicherheit, Angst und sogar Ablehnung erzeugen, die im schlimmsten Fall zu offenen Feindseligkeiten und zur Ausgrenzung aufgrund der ethnischen Herkunft, der Nationalität oder der Religionszugehörigkeit führen. Leider sind, wenn wir uns umsehen, solche Spannungen keine Einzelerscheinungen, sondern sie sind vielmehr ziemlich verbreitet. Und die Wahrscheinlichkeit, dass Spannungen dieser Art mit zunehmender wirtschaftlicher Migration noch zunehmen, ist hoch.

In einer solchen Welt ist es meiner Ansicht nach von höchster Bedeutung, dass wir einen wahrhaft nachhaltigen und universellen Zugang zu Fragen der Ethik, der inneren Werte und der persönlichen Integrität finden – einen Zugang, der geeignet ist, Brücken zwischen den religiösen, kulturellen und ethnischen Unterschieden zu bauen und uns auf einer elementaren menschlichen Ebene anzusprechen. Diese Suche nach einem nachhaltigen, universellen Weg ist für mich die Grundlage für die Entwicklung einer säkularen Ethik.

Bevor ich nun näher auf diesen Ansatz eingehe, sollte ich darauf hinweisen, dass es Menschen gibt, die zwar mit meiner

Erklärung des Säkularismus, wie er in Indien praktiziert wird, einverstanden sind, aber dennoch anzweifeln, dass sich Ethik und Religion in dieser Weise trennen lassen. Das Misstrauen gegen alle Versuche, beides voneinander zu trennen, sitzt bei den Anhängern mancher theistischen Religionen so tief, dass man mich bei etlichen Gelegenheiten davor gewarnt hat, das Wort »säkular« zu verwenden, wenn ich in der Öffentlichkeit über das Thema Ethik spreche. Es gibt zweifellos Menschen, die der ehrlichen Überzeugung sind, dass die Trennung von Ethik und Religion per se ein großer Fehler und sogar die Ursache vieler gesellschaftlicher und moralischer Probleme unserer Zeit sei, die sich etwa in der Zerrüttung von Familien, der zunehmenden Zahl von Abtreibungen, in Promiskuität, Alkoholismus, Drogenabhängigkeit und so weiter äußern. In ihren Augen sind diese Probleme weitgehend darauf zurückzuführen, dass Menschen die Basis für die Entwicklung innerer Werte verloren haben, die allein die Religion bereitstellen könne. Diejenigen, deren religiöser Glaube eng mit einer ethischen Lebensführung verbunden ist, können sich nur schwer das eine ohne das andere vorstellen. Wer glaubt, dass es ohne Gott keine Wahrheit gibt, glaubt auch, dass Ethik nur durch Gott verbindlich wird. Ohne Gott als Garant kann es, so meinen sie, bestenfalls eine relative Wahrheit geben, woraus folgt, dass das, was für den einen wahr ist, nicht unbedingt auch für den anderen gilt. Und dann gibt es keine Grundlage, auf der sich Richtig und Falsch, Gut und Böse voneinander unterscheiden ließen oder auf der wir egoistischen und zerstörerischen Impulsen widerstehen und innere Werte ausbilden und fördern könnten.

Zwar respektiere ich einen solchen Standpunkt uneingeschränkt, aber ich teile ihn nicht. Ich bin nicht der Meinung, dass Ethik auf religiösen Vorstellungen oder auf Glauben gründen muss. Vielmehr bin ich der festen Überzeugung, dass sich Ethik auch einfach als natürliche und vernünftige Reaktion auf unser ureigenes Menschsein und die uns allen gemeinsame menschliche Natur herausbilden kann.

RELIGION UND ETHIK

Obwohl es in diesem Buch nicht in erster Linie um Religion geht, halte ich es im Interesse des gegenseitigen Verständnisses und Respekts zwischen gläubigen und nichtgläubigen Menschen für sinnvoll, dass wir uns ein wenig Zeit nehmen, um das Verhältnis zwischen Religion und Ethik zu betrachten.

Jahrtausendelang stand die Religion im Mittelpunkt der menschlichen Zivilisation. Daher ist es kein Wunder, dass die Anteilnahme für andere und die inneren Grundwerte wie Güte, Aufrichtigkeit, Geduld und Versöhnlichkeit, die aus dieser Anteilnahme erwachsen, lange Zeit fast ausschließlich mit einer religiösen Begrifflichkeit erfasst wurden. Alle großen Religionen der Welt, die theistischen wie die nichttheistischen, sehen in diesen Werten sowie in denen der Selbstdisziplin, Genügsamkeit und Großzügigkeit den Schlüssel zu einem sinnerfüllten und lohnenswerten Leben. Das überrascht nicht. Da die größte Sorge der Religion dem menschlichen Geist gilt, ist es vollkommen natürlich, dass die Kultivierung dieser inneren Werte – die mit unserem eigenen spirituellen Wohl und dem unserer Mitmenschen so reich belohnt wird – ein integraler Bestandteil jeder religiösen Praxis sein muss.

Die Glaubenssysteme, auf denen die inneren Werte der Weltreligionen basieren und aus denen sie sich speisen, können in zwei übergeordnete Kategorien eingeteilt werden. Da sind zum einen die theistischen Religionen, zu denen Christentum, Islam, Judentum, Sikhismus, Zoroastrismus und auch Hinduismus zählen. Bei diesen Traditionen gründet sich Ethik letztlich auf irgendeine Vorstellung von Gott – als Schöpfer und als unumschränkte Grundlage allen Seins. Aus theistischer Sicht ist das gesamte Universum Teil einer göttlichen Schöpfung und eines göttlichen Plans, und darum ist auch der Stoff selbst, aus dem dieses Universum besteht, heilig. Und da Gott unendliche Liebe oder unendliches Mitgefühl ist, dienen und lieben wir Gott, indem wir andere lieben. Überdies gehört zu vielen theistischen Traditionen der Glaube an ein göttliches Gericht nach dem Tod, was die Menschen zusätzlich stark motiviert, während ihres irdischen Lebens Zurückhaltung zu üben und sich umsichtig zu verhalten. Die Unterordnung unter Gott kann, wenn sie ernsthaft geschieht, egoistischen Neigungen wirkungsvoll entgegenwirken und damit ein sehr tragfähiges Fundament für eine ethische und sogar altruistische Einstellung legen.

Bei den nichttheistischen Religionen wie Buddhismus, Jainismus und einem Zweig der altindischen Samkhya-Schule existiert der Glaube an einen göttlichen Schöpfer nicht. Stattdessen steht hier das Kausalitätsprinzip im Zentrum, und das Universum wird als etwas gesehen, das keinen Anfang hat. Statt von einem Schöpfer als Grundlage innerer Werte und eines ethischen Lebens auszugehen, stützen die nichttheistischen Religionen sich auf die Vorstellung vom Karma als Nährboden der Ethik. Das aus dem Sanskrit stammende Wort *karma* heißt nichts anderes als »Tat«. Wenn wir also von Karma sprechen, meinen wir damit alles, was wir bewusst mit unserem Körper, unserer Sprache und unseren Gedanken tun, und wenn wir von den *Früchten* unseres Karmas sprechen, meinen wir damit die Folgen dieses Tuns.

Die Lehre vom Karma fußt auf der Beobachtung der Kausalität als Naturgesetz. Jedes bewusste Tun, Sprechen oder Denken zieht einen potenziell endlosen Strom von Folgen nach sich. In Verbindung mit der Vorstellung von Wiedergeburt und aufeinander folgenden Leben bildet diese Sicht eine stabile Grundlage für eine ethische Einstellung und die Kultivierung innerer Werte. Beispielsweise gehört zu den zentralen Lehren des Buddhismus über die Förderung des Mitgefühls als Teil der Herausbildung einer tiefen empathischen Verbindung mit allen Lebewesen die Grundüberzeugung, dass jedes dieser Lebewesen in irgendeiner Phase der zahllosen vorangegangenen Leben eines Menschen dessen Mutter war.

Alle Religionen gründen die Förderung innerer Werte und eines ethischen Bewusstseins also bis zu einem gewissen Grad auf eine metaphysische (das heißt, empirisch nicht nachweisbare) Sicht der Welt und eines Lebens nach dem Tod. Und ebenso wie den ethischen Lehren vieler theistischer Religionen der Glaube an ein göttliches Gericht zugrunde liegt, ist dies bei der Lehre vom Karma und künftigen Leben der nichttheistischen Religionen der Fall.

Im religiösen Kontext sind diese Einsichten – ob theistisch oder nichttheistisch – von größter Bedeutung, weil sich auf sie nicht nur der Entschluss, ein ethisches Leben zu führen, sondern auch die Erlösung oder die Befreiung selbst gründet. Für praktizierende Gläubige sind daher eine ethische Lebensführung und das Streben nach höchster spiritueller Erfüllung untrennbar miteinander verbunden.

Ich gehöre nicht zu denen, die meinen, die Menschheit werde sich bald gänzlich von der Religion abwenden. Ich bin im Gegenteil der Ansicht, dass sie eine positive Kraft ist, die außerordentlich viel Gutes bewirken kann. Indem sie eine Sicht des menschlichen Lebens liefert, die über unsere zeitlich begrenzte physische Existenz hinausgeht, gibt die Religion denen, die Not leiden, Hoffnung und Kraft. Die Bedeutung der großen Glaubenstraditionen ist ein Thema, das ich in einem meiner früheren Bücher, *Toward a True Kinship of Faiths*, das demnächst in deutscher Übersetzung unter dem Titel *Das Herz der Religionen* erscheint, ausführlicher behandelt habe. Doch so groß die positive Kraft der Religion auch sein mag, indem sie Menschen zusammenbringt, sie führt, ihnen Trost spendet und ihnen die Vision eines moralischen Lebens anbietet, der sie nacheifern können – ich glaube dennoch nicht, dass sie die unabdingbare Voraussetzung für ein spirituelles Leben ist.

Was heißt das aber nun für uns, wenn es darum geht, ein ethisches System zu begründen und innere Werte zu entwickeln und zu fördern? Welche Grundlage bleibt uns für diese Werte in unserem heutigen wissenschaftlichen Zeitalter, in dem die Religion für viele Menschen jede Bedeutung verloren hat? Wie können wir für uns einen Weg der ethischen Motivation finden, bei dem wir nicht auf traditionelle Glaubensinhalte zurückgreifen?

Meiner Überzeugung nach können Menschen zwar ohne Religion auskommen, aber nicht ohne innere Werte. Das Argument, mit dem ich für die Unabhängigkeit der Ethik von der Religion plädiere, ist daher sehr einfach. Wie ich es sehe, hat die Spiritualität zwei Dimensionen. Die erste Dimension, die des elementaren spirituellen Wohls – womit ich die innere mentale und emotionale Stärke und Ausgeglichenheit meine –, ist nicht von der Religion abhängig, sondern sie entspringt der uns angeborenen menschlichen Natur, unserer natürlichen Veranlagung zu Mitgefühl, Güte und Fürsorge für andere. Die zweite Dimension könnte man als religionsbasierte Spiritualität bezeichnen. Wir erwerben sie durch unsere Erziehung und Kultur, und sie ist an bestimmte religiöse Überzeugungen und Praktiken gebunden. Der Unterschied zwischen beiden ähnelt ein wenig dem Unterschied zwischen Wasser und Tee. Ethik und innere Werte ohne religiösen Bezug sind wie Wasser, also etwas, das wir täglich für unsere Gesundheit und unser Überleben *brauchen*. Ethik und innere Werte, die sich auf einen religiösen Kontext stützen, sind eher wie Tee. Der Tee, den wir trinken, besteht zum größten Teil aus Wasser, aber er enthält noch weitere Zutaten – Teeblätter, Gewürze, vielleicht ein wenig Zucker und, in Tibet jedenfalls, auch Salz –, und das macht ihn gehaltvoller und nachhaltiger und zu etwas, das wir jeden Tag haben möchten. Aber unabhängig davon, wie der Tee zubereitet wird, sein Hauptbestandteil ist immer Wasser. Wir können ohne Tee leben, aber nicht ohne Wasser. Und genauso werden wir zwar ohne Religion geboren, aber nicht ohne das Grundbedürfnis nach Mitgefühl.

Wesentlicher als die Religion ist daher unsere elementare menschliche Spiritualität. Wir weisen eine in uns Menschen angelegte Neigung zur Liebe, Güte und Zuneigung auf, und zwar unabhängig davon, ob wir einer Religion angehören oder nicht. Wenn wir diese elementarste aller menschlichen Urquellen in uns nähren – wenn wir uns entschließen, die inneren Werte, die wir alle bei anderen schätzen, zu kultivieren –, dann fangen wir an, spirituell zu leben. Die Herausforderung besteht also darin, einen Weg für die Schaffung eines ethischen Fundaments und die Kultivierung innerer Werte zu finden, der dem wissenschaftlichen Zeitalter gerecht wird, aber die tieferen Bedürfnisse des menschlichen Geistes nicht vernachlässigt, auf die für viele die Religion eine Antwort gibt.

VERANKERUNG DER ETHIK IN DER MENSCHLICHEN NATUR

Es gibt keinen Konsens über die grundlegende Ausrichtung der menschlichen Natur, der alle Kulturen, alle Philosophien und auch alle Einzelperspektiven vereint. Vielmehr scheint es dazu eine ganze Reihe von Ansichten zu geben. Stark vereinfacht gesagt, steht am einen Ende des Spektrums die Auffassung, dass wir Menschen von Natur aus gewalttätig, aggressiv und rücksichtslos seien, während auf der anderen Seite des Spektrums die Meinung vorherrscht, wir neigten vorwiegend zur Sanftheit und Güte. Die meisten Sichtweisen liegen irgendwo zwischen diesen beiden Extremen und berücksichtigen all unsere Eigenschaften und Neigungen in unterschiedlichem Maße. Wenn wir, verallgemeinernd gesagt, der Meinung sind, dass die menschliche Natur von zerstörerischen Neigungen beherrscht ist, dann wird unsere Ethik wahrscheinlich auf etwas gegründet sein, das außerhalb von uns selbst liegt. Wir werden Ethik als Instrument betrachten, mit dem diese destruktiven Kräfte im Namen eines höheren Gutes im Zaum gehalten werden. Wenn wir dagegen glauben, dass die menschliche Natur vor allem zur Güte neigt und von dem Wunsch nach einem friedlichen Leben bestimmt wird, können wir Ethik als vollkommen natürliches und rationales Mittel zur Verwirklichung unseres angeborenen Potenzials begreifen. Aus dieser Perspektive besteht Ethik weniger aus Regeln und Vorschriften, die es zu befolgen gilt, als vielmehr aus Prinzipien für eine innere Selbstkontrolle zur Förderung jener Aspekte unseres Wesens, die wir als förderlich für unser eigenes Wohl und für das unserer Mitmenschen erkannt haben. Diese zweite Sichtweise entspricht meiner eigenen.

ZWEI SÄULEN EINER SÄKULAREN ETHIK

Eine integrative säkulare Ethik, die geeignet ist, universell angenommen zu werden, setzt meiner Ansicht nach nur voraus, dass zwei Grundprinzipien akzeptiert werden. Beide lassen sich auf der Basis unserer gemeinsamen menschlichen Erfahrungen und unseres gesunden Menschenverstandes mühelos begreifen, und beide werden von den Erkenntnissen der heutigen Forschung vor allem auf den Gebieten der Psychologie, der Neurowissenschaften und der klinischen Wissenschaft untermauert. Das erste Prinzip besteht in der Anerkennung unseres *gemeinsamen Menschseins* und unseres gemeinsamen Strebens nach Glück und der Vermeidung von Leid. Das zweite Prinzip besteht darin, dass wir unsere *gegenseitige Abhängigkeit* als Grundzug der menschlichen Wirklichkeit, einschließlich unserer biologischen Wirklichkeit als soziale Tiere, begreifen. Anhand dieser zwei Prinzipien können wir lernen, die unlösbare Verbindung zwischen unserem eigenen Wohlergehen und dem Wohlergehen anderer zu verstehen und ein echtes Interesse am Wohl anderer zu entwickeln. Zusammen bilden sie in meinen Augen ein geeignetes Fundament, auf dem sich ein ethisches Bewusstsein und die Kultivierung innerer Werte gründen lassen. Diese Werte vermitteln uns ein Gespür für die Verbundenheit mit anderen, und indem wir unseren engstirnigen Egoismus überwinden, finden wir Sinn und Zweck und Erfüllung im Leben.

Bevor ich systematisch darlege, wie ich mir diesen säkularen Ansatz vorstelle, möchte ich noch ein paar Worte zum Hintergrund und zu den Beweggründen sagen, die meine Ansichten zu diesem Thema geformt haben.

Seit meiner Kindheit bin ich ein buddhistischer Mönch in der tibetischen Tradition des Mahayana, die mein Verständnis von Ethik wie auch von der Natur des Menschen und dem Streben nach Glück geprägt hat. Auf der persönlichen Ebene ist meine alltägliche ethische Praxis entscheidend von den Schriften der indischen Nalanda-Tradition beeinflusst, die ein kritisches philosophisches Denken mit einer ethischen Lebensführung und kontemplativen Übungen verbindet. In diesem Buch schöpfe ich aus einigen Quellen der Nalanda-Tradition.

Es liegt jedoch ganz und gar nicht in meiner Absicht, andere mit diesem Buch zum Buddhismus bekehren zu wollen! Ich weise sogar, wenn ich gebeten werde, im Westen buddhistische Unterweisungen zu geben, oft darauf hin, dass ich es nicht unbedingt für gut halte, religiöse Praktiken zu übernehmen, die nicht in der eigenen Kultur und Erziehung verwurzelt sind. Denn das kann schwierig sein und zu einer unnötigen Desorientierung führen. Mich treibt vielmehr der einfache Wunsch an, zu einem größeren Wohlergehen der Menschheit beizutragen. Wenn das, was meine eigene Tradition anzubieten hat, denen, die ihr nicht angehören, Nutzen bringen kann, halte ich es für richtig, aus diesen Quellen zu schöpfen. Es geht mir in diesem Buch absolut nicht darum, für meine eigenen religiösen Überzeugungen zu werben. Vielmehr fordere ich meine Leser auf, die Dinge selbst zu überprüfen. Wenn sie bei ihren Erkundungen manche der Einsichten der klassischen indischen Philosophie als nützlich empfinden, dann ist das hervorragend, aber wenn nicht, so ist das auch in Ordnung!

Wenn ich also in den folgenden Kapiteln meine Gedanken darlege, tue ich dies nicht als Buddhist und auch nicht als religiös Gläubiger, sondern einfach nur als eines von nahezu sieben Milliarden menschlichen Wesen; eines, dem das Schicksal der Menschheit am Herzen liegt und das einen Beitrag zur Sicherung und Verbesserung der Zukunft leisten möchte.

2 UNSER GEMEINSAMES MENSCHSEIN

WIE WIR UNS SELBST SEHEN

Die Beobachtung hat gezeigt, dass die Art, wie wir mit unseren Mitmenschen und unserer Umwelt umgehen, weitgehend davon abhängt, wie wir uns selbst wahrnehmen. Wir alle haben viele verschiedene Arten zu sehen, »wer wir sind«, und diese verschiedenen Perspektiven beeinflussen unser Verhalten. So betrachten wir uns zum Beispiel vielleicht von der Geschlechtszugehörigkeit her als Mann oder Frau, oder wir sehen uns als Anhänger dieser oder jener Religion oder als Mitglied dieser oder jener ethnischen oder nationalen Gemeinschaft. Vielleicht betrachten wir uns auch unter familiären Aspekten und begreifen uns beispielsweise als Vater oder Mutter. Oder wir definieren uns über unseren Beruf (als Lehrkraft, Landwirt oder Ladeninhaber), über unseren Bildungsstand oder unsere Leistungen. Die Erwartungen, die wir uns selbst gegenüber haben, richten sich nach dem jeweiligen Blickwinkel, den wir einnehmen. Und dies wiederum beeinflusst unser Verhalten, auch im Hinblick darauf, wie wir mit anderen Menschen umgehen.

Jeder hat seine eigene, individuelle Identität. Daher setzt jeder Versuch, ein wirklich allgemeingültiges ethisches System zu entwickeln, unbedingt voraus, dass wir eine klare Vorstellung von dem haben, was uns alle eint, nämlich unser gemeinsames Menschsein. Wir sind fast sieben Milliarden, und jeder von uns ist ein Mensch. In dieser Hinsicht gleichen wir uns zu hundert Prozent.

Stellen wir uns als Erstes die Frage, was uns zu Menschen

macht. Nun, da ist zunächst einmal ganz einfach unsere physische Beschaffenheit: unser Körper, der sich aus zahlreichen Teilen zusammensetzt – aus Knochen, Muskeln, Blut und aus unzähligen Molekülen, Atomen und so weiter.

Auf der elementaren materiellen Ebene besteht kein qualitativer Unterschied zwischen dem Stoff, aus dem ein menschliches Wesen besteht, und dem Stoff, aus dem sich beispielsweise ein Felsblock zusammensetzt. Was die materielle Beschaffenheit betrifft, so ist sowohl der Felsblock als auch der menschliche Körper letztendlich ein Konglomerat aus winzigen Teilchen. Der modernen Wissenschaft zufolge ist die gesamte im Kosmos vorhandene Materie einem endlosen Wiederverwertungskreislauf unterworfen. Viele Wissenschaftler sind sogar der Ansicht, dass die Atome, aus denen unser Körper besteht, einmal zu räumlich und zeitlich unendlich weit entfernten Sternen gehörten.

Und doch steht eindeutig fest, dass ein Mensch einer völlig anderen Kategorie von Dingen zuzuordnen ist als ein Felsblock. Wir werden geboren, wir wachsen auf, und dann sterben wir, genauso wie Pflanzen oder Tiere. Anders als Pflanzen machen wir aber auch bewusste Erfahrungen. Wir fühlen Schmerz und empfinden Freude. Wir sind, was wir im Tibetischen *semden* nennen: fühlende Wesen.

In einem meiner vielen Gespräche mit meinem verstorbenen Freund, dem Neurobiologen Francisco Varela, habe ich mich mit ihm darüber unterhalten, was eine fühlende von einer pflanzlichen Lebensform unterscheidet. Er schlug, wenn ich mich richtig erinnere, als Unterscheidungsmerkmal »die Fähigkeit eines Lebewesens, sich von hier nach dort zu bewegen« vor. Wenn ein Organismus in der Lage sei, seinen ganzen Körper von einer Stelle zur anderen zu bewegen, um einer Gefahr zu entkommen und zu überleben oder um sich Nahrung zu beschaffen oder sich zu vermehren, dann könne man ihn als fühlendes Wesen betrachten. Diese Definition fand ich interessant, weil sie beinhaltet, dass das, was ein solches Lebewesen ausmacht, selbst aus wissenschaftlicher Sicht etwas mit der Fähigkeit zu tun hat, Freude und Schmerz zu empfinden und auf diese Gefühle zu reagieren, auch wenn die Reaktionen vorwiegend oder zur Gänze instinktiv sind. Auf der elementarsten Ebene ist die Fähigkeit, auf die uns umgebende Welt mit bewusster Erfahrung zu reagieren, das, was wir im weitesten Sinne als »Geist« bezeichnen können.

Die Frage, was den »Geist« ausmacht und auf welche Weise sich der menschliche Geist von dem anderer Lebewesen unterscheidet, ist ein sehr weites Feld, das ausführlich zu behandeln hier nicht der richtige Ort ist. Darum mögen an dieser Stelle ein paar Worte zu dem Thema genügen.

Die wichtigsten Bestandteile der menschlichen Erfahrung sind der modernen Wissenschaft zufolge die Informationen, die wir durch unsere Sinne – Sehen, Hören, Fühlen, Schmecken und Riechen – erhalten. Auf einer anderen Ebene der Wahrnehmung steht unsere subjektive Empfindung, die von diesen elementaren Sinneseindrücken ausgelöst wird: ob wir sie als angenehm, unangenehm, neutral oder als eine Mischung aus allem erleben. Soweit wir wissen, teilen wir diese Art, sinnliche Eindrücke als angenehm oder schmerzhaft wahrzunehmen, mit anderen Tieren. Vögel und Säugetiere beispielsweise scheinen Sinneseindrücke sehr ähnlich zu verarbeiten wie wir Menschen, während sich andere Tiere wie Fische oder Insekten in dieser Hinsicht offenbar deutlich von uns unterscheiden.

So breit und verschiedenartig das Spektrum des Empfindungsvermögens quer durch die verschiedenen Tierspezies auch sein mag, es ist offensichtlich, dass alle Lebewesen, die zur bewussten Sinneswahrnehmung fähig sind, dazu tendieren, die Erfahrungen zu suchen, die sie als angenehm empfinden, und diejenigen zu meiden, die unangenehm oder schmerzhaft sind. In diesem grundsätzlichen Punkt unterscheiden wir Menschen uns nicht von anderen Tieren. Wie sie versuchen wir, Leid von uns fernzuhalten, und spüren den natürlichen Wunsch, angenehme oder glückliche Erfahrungen zu machen.

Aber auch wenn diese grundsätzliche Orientierung ein zentrales Merkmal aller fühlenden Wesen ist, bilden die Menschen doch eine ganz eigene Kategorie. Es gehört eindeutig mehr zum Menschsein als die Reaktion auf Sinnesreize. Wir sind beispielsweise nicht wie Hunde oder Katzen, die im Großen und Ganzen rein instinktiv auf ihr Erleben reagieren. Wir Menschen haben im Laufe vieler Jahrtausende eine außerordentliche Komplexität entwickelt, durch die wir uns von allen anderen Tieren unterscheiden. Dieser Unterschied spiegelt sich in der Größe unseres Gehirns wider, bei dem sich der Frontalkortex viel weiter entwickelt hat als bei den Gehirnen anderer Spezies.

MENSCHLICHES BEWUSSTSEIN UND EINFÜHLUNGSVERMÖGEN

Wenn ich von der Komplexität des menschlichen Geistes spreche, meine ich nicht nur die intellektuellen und rationalen Prozesse in unserem Gehirn oder die Fähigkeit zur Selbstreflexion, sondern die gesamte Bandbreite der bewussten Erfahrung, die außer Denken, Vorstellungs- und Erinnerungsvermögen auch Gefühle und Empfindungen beinhaltet. Tatsächlich denke ich, wenn ich in dieser ziemlich allgemeinen Weise von »Geist« oder

»Erfahrung« spreche, meist an die tibetischen Begriffe *sem* (Geist) und *shepa* (Wahrnehmung), die sich nicht nur auf die vorwiegend intellektuellen Vorgänge beziehen, an die man im Englischen und in anderen westlichen Sprachen bei Worten wie »geistig« oder »mental« normalerweise denkt, sondern auf alle Bereiche unserer inneren Erfahrung einschließlich der Gefühle und Empfindungen, die in diesen Sprachen oft als Angelegenheiten des *Herzens* bezeichnet werden.

Seit einiger Zeit führen westliche Forscher neurowissenschaftliche Studien mit Tibetern durch, die seit langem regelmäßig meditieren. Ziel der Untersuchungen ist es herauszufinden, ob die meditative Praxis messbare biologische Auswirkungen hat. Irgendwann erfuhr ich, dass die Wissenschaftler planten, vor einer Gruppe von Mönchen des Namgyal-Klosters in Dharamsala einen Vortrag über ihr Projekt zu halten. Um die angewandten Techniken zu verdeutlichen, trug einer der Wissenschaftler eine weiße Kappe auf dem Kopf, an die ein Gewirr aus Kabeln und Elektroden angeschlossen war. Bei seinem Anblick brachen einige der Mönche in lautes Gelächter aus. Die Gäste dachten, die Mönche würden über den merkwürdigen Anblick des westlichen Wissenschaftlers mit seinen Kabeln am Kopf lachen. Wie sich jedoch herausstellte, lachten sie auch, weil sie es seltsam fanden, dass die Leitungen nur an seinem Kopf und nicht an anderen Stellen seines Körpers befestigt waren. Denn wenn Eigenschaften wie Mitgefühl oder liebende Güte gemessen werden sollten, waren dann nicht andere Körperregionen wie beispielsweise das Herz von ebenso großer Bedeutung? Heute sind wir besser vertraut mit den gegenwärtigen wissenschaftlichen Forschungsmodellen und wundern uns nicht mehr so sehr über die zentrale Bedeutung, die dem Gehirn in der modernen Wissenschaft zugewiesen wird. Und die Wissenschaftler ihrerseits haben ihre Methoden ebenfalls ein wenig verändert: Sie nehmen nun im Rahmen ihrer Untersuchungen auch Messungen vor, die Veränderungen am Herzen registrieren.

Bei der Untersuchung der Frage, was den menschlichen Geist von dem anderer Lebewesen unterscheidet, fallen ein paar Haupteigenschaften sofort auf. Wir Menschen besitzen eine ausgeprägte Fähigkeit zur genauen Erinnerung, die offenbar viel stärker ausgebildet ist als bei vielen anderen Tieren und die es uns möglich macht, unsere Gedanken in die Vergangenheit zu richten. Darüber hinaus sind wir auch in der Lage, unsere Gedanken in die Zukunft zu richten. Hinzu kommt, dass wir über ein starkes Vorstellungsvermögen sowie über die hochentwickelte Fähigkeit verfügen, uns über eine Formelsprache zu verständigen. Und, vielleicht der markanteste Punkt, wir besitzen die Fähigkeit, rational zu denken – das Vermögen, verschiedene Ergebnisse realer wie gedachter Situationen kritisch zu bewerten und zu vergleichen. Andere Tiere mögen einige dieser Fähigkeiten in begrenztem Umfang ebenfalls besitzen, aber sie erreichen nicht das gleiche Maß an Differenziertheit wie der Mensch.

Neben den genannten Merkmalen verfügen wir über eine Eigenschaft, die für unsere Identität als Menschen von zentraler Bedeutung ist: die instinktive Fähigkeit zur Empathie. Natürlich sind wir damit nicht allein. Es gibt auch einige andere Tiere, deren Verhalten Einfühlungsvermögen erkennen lässt. Gleichwohl ist es ein elementarer Wesenszug des Menschen. Wenn wir jemanden vor uns haben, der Schmerzen leidet, selbst wenn es ein Fremder auf der Straße ist oder das Opfer einer Naturkatastrophe, das wir im Fernsehen sehen oder von dem wir im Radio hören, reagieren wir instinktiv auf das Leid dieses Menschen. Und nicht nur das: Wir spüren zugleich den unwillkürlichen Wunsch, etwas zu unternehmen – dem Fremden auf der Straße zu helfen oder die Not jener, die uns im Fernsehen begegnen, zu lindern –, ob wir dem Wunsch nun Taten folgen lassen oder nicht.

Auf die gleiche Weise versetzt uns unsere instinktive Fähigkeit, uns in das innere Erleben anderer hineinzuversetzen, in die Lage, deren Freude zu teilen, wenn wir mitbekommen, wie sie sich gegen Widrigkeiten behaupten. Ich glaube, dass sich viele Menschen teilweise deshalb so gern Filme und sportliche Wettkämpfe ansehen oder unterhaltende Romane lesen, weil ihnen das neben der damit verbundenen Spannung die Möglichkeit gibt, die Freuden und Sorgen anderer mitzuerleben, als wären es die eigenen. Empathische Erfahrungen sind etwas, das wir von Natur aus lieben und oft auch bewusst suchen. Ein Beispiel dafür ist die Freude, die uns kindliche Begeisterung bereitet – wir lieben es, das Strahlen in den Augen eines Kindes zu sehen, wenn wir es anlächeln, ihm etwas schenken oder ihm eine Geschichte erzählen. Und wir empfinden eine natürliche Freude, wenn wir sehen, dass die Menschen, die uns am Herzen liegen, glücklich sind. Wir alle sehen lieber lächelnde als finstere Gesichter.

Da wir soziale Tiere sind und nur als Teil einer Gruppe oder Gemeinschaft überleben und gedeihen können, kommt unserer Fähigkeit, uns in andere einzufühlen, bei unserem Streben nach Glück und Wohlergehen eine große Bedeutung zu.

GLÜCK UND LEID

Dass wir alle ein glückliches Leben anstreben, ist meiner Ansicht nach eine Behauptung, die keiner Rechtfertigung bedarf. Niemand sehnt sich Probleme und Sorgen herbei. Das bestätigt schon unsere körperliche Funktionsweise. Die medizinische Forschung liefert immer mehr Beweise dafür, dass ein Mensch, der glücklich und friedvoll lebt und frei von Angst und Sorgen ist, daraus einen ganz konkreten Nutzen für seine Gesundheit zieht. Ebenso einleuchtend ist, dass es selbst einem kranken Menschen erheblich besser geht, wenn er eine positive Perspektive hat. Ich halte es also für eine einfache Tatsache, dass unser Körper für ein glückliches Leben geschaffen wurde. Ein glücklicher Geist ist ein gesunder Geist, und ein gesunder Geist ist gut für den Körper.

Doch anders als bei anderen Tieren sind Glück und Leid beim Menschen keine unkomplizierte Sache. Ein Hund ist vielleicht glücklich, wenn er sich richtig satt fressen und danach auf der Terrasse ein Schläfchen halten kann. Wir mögen an solchen schlichten Freuden durchaus Gefallen finden, aber es ist klar, dass sie nicht ausreichen, um das Glücksbedürfnis eines Menschen wirklich zu befriedigen.

Das immerwährende Streben des Menschen, Glück zu erleben und Leid zu vermeiden, erklärt nicht nur die größten Errungenschaften der Menschheit, sondern auch die Tatsache, dass wir im Zuge einer viele tausend Jahre währenden Evolution ein so großes Gehirn entwickelt haben. Selbst die Religion hat, wie ich glaube, ihren Ursprung in diesem Streben. Denn im Laufe des Lebens werden wir zwangsläufig mit Problemen konfrontiert, die sich unserem Einfluss entziehen. Um die Hoffnung und den Mut nicht zu verlieren, haben wir den Glauben entwickelt, und um den Glauben zu stärken, haben wir uns dem Gebet zugewandt, und das Beten ist das zentrale Element der Religion. Ebenso bin ich der Meinung, dass auch die gewaltigen Leistungen, die die Menschen in den vergangenen Jahrhunderten auf wissenschaftlichem und technischem Gebiet vollbracht haben, dem Wunsch entsprungen sind, Leid zu überwinden und Glück zu erlangen.

Doch obwohl die außergewöhnliche geistige Differenziertheit uns Menschen von anderen Lebewesen unterscheidet und hinter unserem erstaunlichen Erfolg als Spezies steht, ist genau diese geistige Komplexität andererseits die Ursache für einige unserer hartnäckigsten Schwierigkeiten und Nöte. Die meisten Probleme, vor denen wir heute stehen – zum Beispiel Kriege, Armut, Ungerechtigkeit und Umweltzerstörung –, wurden durch ein komplexes menschliches Handeln verursacht und aufrechterhalten. Auch die beständigste Quelle unseres Leids – beispielsweise unserer Ängste, Sorgen und inneren Spannungen – ist eng mit der Komplexität unseres Geistes und mit unserem regen Vorstellungsvermögen verknüpft.

GRUNDSÄTZLICHE GLEICHHEIT

In unserem Streben nach Glück und dem Wunsch, Leid zu vermeiden, gleichen wir uns grundsätzlich. Dieser Punkt ist mir sehr wichtig. Denn wenn wir die Anerkennung dieser grundsätzlichen Gleichheit der Menschen zum Teil unserer alltäglichen Haltung machen, wird sich das – da bin ich sehr zuversichtlich – nicht nur auf die Gesellschaft als Ganzes, sondern auch auf jeden Einzelnen ausgesprochen positiv auswirken. Wenn ich persönlich jemandem begegne – gleichgültig, ob er oder sie ein Präsident oder Bettler, dunkel- oder hellhäutig, klein oder groß, reich oder arm, dieser oder jener Nationalität zugehörig, dieses oder jenes Glaubens ist –, versuche ich, einfach nur einen Menschen zu sehen, der wie ich danach strebt, glücklich zu sein und Leid zu vermeiden. Eine solche Einstellung erzeugt meiner Erfahrung nach ein natürliches Gefühl der Verbundenheit selbst mit Menschen, die bis zu diesem Augenblick völlig Fremde für mich waren. Unabhängig von all unseren individuellen Eigenschaften, der Erziehung, die wir genossen, und der gesellschaftlichen Stellung, die wir geerbt haben mögen, und unabhängig davon, was wir im Leben erreicht haben, sind wir alle von dem Wunsch beseelt, in unserem kurzen Leben Glück zu finden und Leid von uns fernzuhalten.

Aus diesem Grund weise ich oft darauf hin, dass die Faktoren, die uns trennen, viel oberflächlicher sind als diejenigen, die uns verbinden. Trotz aller Aspekte, durch die wir uns voneinander unterscheiden – ethnische Herkunft, Sprache, Religion, Geschlecht, Status und vieles mehr – sind wir uns in unserem grundsätzlichen Menschsein gleich. Diese grundsätzliche Gleichheit wird von der Wissenschaft bestätigt. Die DNA-Sequenzierung hat zum Beispiel den Nachweis erbracht, dass ethnische Merkmale nur einen winzigen Bruchteil unseres Erbguts ausmachen, dessen weitaus größter Teil bei allen Menschen übereinstimmt. Tatsächlich lassen sich zwischen Individuen größere Unterschiede im Erbgut feststellen als zwischen ethnischen Gruppen.

Es ist, wie ich glaube, an der Zeit, dass wir anfangen, auf der Grundlage einer Identität zu denken und zu handeln, die in den Worten »*wir* Menschen« wurzelt.

3 DAS STREBEN NACH GLÜCK

DIE QUELLEN DES GLÜCKS

Ohne Hoffnung können wir Menschen nicht leben, und Hoffnung beinhaltet per definitionem den Gedanken an etwas Besseres. Darum bin ich auch der Meinung, dass unser Überleben von der Vorstellung eines künftigen Glücks abhängt. Wenn wir aber annehmen, dass der Mensch seinem Wesen nach grundsätzlich dazu neigt, nach Glück zu streben und Leid zu vermeiden, bleibt zu fragen, was Glück bedeutet und woher es kommen könnte. Glück ist ein ziemlich allgemeiner Begriff und kann daher leicht missverstanden werden. Darum möchte ich hier klarstellen, dass ich im säkularen Kontext dieses Buches nicht von den religiösen Vorstellungen eines höchsten Glücks spreche, sondern von der einfachen Freude, vom Glück, wie wir es im gewöhnlichen oder alltäglichen Sinne verstehen.

Wie schon gesagt ist die Empfindung von Glück für ein so komplexes Lebewesen, wie es der Mensch ist, keine unkomplizierte Sache. Sie setzt beispielsweise, anders als bei einem Hund oder einer Katze, mehr voraus als die bloße Befriedigung sinnlichen Verlangens. Was also sind die Quellen des Glücks für uns Menschen?

Es drängen sich drei Faktoren auf, die, da sind sich meiner Ansicht nach die meisten von uns einig, wesentlich zum Wohlbefinden des Menschen beitragen: nämlich materieller Wohlstand, Gesundheit und Freundschaft oder Gemeinschaft.

WOHLSTAND, GESUNDHEIT UND FREUNDSCHAFT

Fangen wir beim Wohlstand an. Wirkt sich unsere materielle Situation auf unser Glück aus? Natürlich tut sie das! Es wäre töricht zu leugnen, wie wichtig materielle Faktoren für unser Wohlbefinden sind. Schließlich braucht selbst ein Einsiedler, der einsam in einer Gebirgshöhle lebt, Essen und Kleidung. Ohne ein gewisses Maß an materieller Zufriedenheit ist ein Leben in Würde, wie es jeder Mensch verdient, nicht möglich. Geld spielt also eine wichtige Rolle bei unserem Bemühen, Glück zu erlangen und Leid zu vermeiden. Wie viel Geld ist aber genug? Im Tibetischen wird Geld manchmal scherzhaft als *Kunga Dondhup* bezeichnet. Für tibetische Ohren klingt das wie ein gewöhnlicher Eigenname, es hat jedoch ungefähr die Bedeutung von »etwas, das uns alle glücklich macht und unsere Wünsche erfüllen kann«. Geld gibt uns Wahlmöglichkeiten und Freiheit, und darum ist es nur natürlich, dass es so verführerisch auf uns wirkt und dass wir offenbar nie genug davon bekommen können. Wenn ich vor Tibetern spreche, ziehe ich sie manchmal wegen ihrer Liebe zum Geld ein wenig auf. Zur religiösen Praxis der Tibeter gehört es bekanntlich, ein Mantra zu rezitieren, das dem Bodhisattva des universellen Mitgefühls zugeordnet wird: »*Om mani padme hum.*« Wir rezitieren es im Tagesverlauf, indem wir es oft leise vor uns hin murmeln, selbst wenn wir mit anderen Dingen beschäftigt sind. »Om mani padme hum«, sagen wir, »om mani padme hum.« Aber wenn man es sehr schnell rezitiert, wird es ein bisschen vernuschelt – »om mani padme, om mani padme … mani padme … om mani … mani … mani« – und an diesem Punkt klingt es dann, als würde man englisch sprechen und »money, money, money« sagen.

Aber Scherz beiseite. Um es noch einmal zu sagen: Natürlich bringt materieller Wohlstand einen Nutzen. Als Menschen brauchen wir eine annehmbare Behausung, eine gesunde Umwelt, nahrhaftes Essen, sauberes Wasser. Das sind unsere elementaren Bedürfnisse – und als solche sind sie notwendige Voraussetzungen für menschliches Glück. Alle darüber hinausgehenden Vorteile des Wohlstands jedoch – ein neues Haus, ein neues Auto, vielleicht ein neues Telefon – mögen unser Leben zwar kurzfristig angenehmer und bequemer machen, aber nichts garantiert uns, dass sie einen dauerhaften Zustand der Zufriedenheit herbeiführen oder zu einem allgemeinen Gefühl des Wohlbefindens beitragen. Wenn man immer mehr Besitztümer anhäuft, bringt dies im Gegenteil oft größere Ängste, Spannungen und Sorgen mit sich. Und daraus kann wiederum Wut oder gar Missgunst entstehen.

Interessanterweise weisen die von der Psychologie und der Soziologie in den vergangenen Jahren gesammelten Erkenntnisse recht deutlich darauf hin, dass materielle Errungenschaften nur eine vorübergehende Wirkung auf das haben, was Psychologen und Soziologen als »psychisches Gedeihen« bezeichnen. Entsprechende Studien haben gezeigt, dass wir, wenn die erste Begeisterung über eine Neuanschaffung verflogen ist, schnell wieder das vorherige Zufriedenheitsniveau erreichen. Im tibetischen Sprachgebrauch kennt man einen Ausdruck, der dieses Phänomen recht genau widerspiegelt und für den es meines Wissens keine Entsprechung in anderen Sprachen gibt. Wenn ein Mensch sich in besonderem Maße für neue Anschaffungen begeistern kann, nennen wir ihn *asar tsapo*, »sehr asar«, wobei *sar* die Bedeutung von »neu« hat. Das heißt, dass die betreffende Person nicht einfach nur habgierig, sondern auch leicht erregbar und unbeständig ist – immer auf der Jagd nach dem neuesten Trend oder dem neuesten technischen Gerät. Die heutige Konsumkultur unterstützt diese Art von Unbeständigkeit meiner Ansicht nach.

Materielle Werte sind die Ursache vieler Probleme, seien es Konflikte um die natürlichen Ressourcen der Erde oder Geldstreitigkeiten innerhalb der Familie. Und materieller Wohlstand ist kein Garant für ein glückliches Leben. Ich habe im Gegenteil eine ganze Reihe sehr reicher Menschen kennengelernt, darunter sogar ein paar Milliardäre, die zugegeben haben, dass sie persönlich überhaupt nicht glücklich und zufrieden mit ihrem Leben sind. Reichtum umhüllt einen Menschen wie ein Kokon, sodass er sein Leben oft als einsam empfindet. *Kunga Dondhup* ist also ein unzuverlässiger Freund, der noch dazu eine Menge Leid im Gepäck hat.

Im Gegensatz zum materiellen Reichtum kann ein innerer Reichtum, der sich auf Liebe und Mitgefühl gründet, niemals Belastungen und Unzufriedenheit mit sich bringen. Es versteht sich daher von selbst, auf welche Art von Reichtum sich unser Streben richten sollte.

Aber, so werden Sie vielleicht einwenden, materieller Wohlstand schafft eine Art von Sicherheit und Zufriedenheit, die durchaus von Dauer ist. Das mag stimmen, aber wie sicher kann materieller Wohlstand wirklich sein? Immer wieder werden wir durch Naturkatastrophen daran erinnert, wie zerbrechlich unsere vermeintliche materielle Sicherheit in Wirklichkeit ist.

Wichtiger als Geld, Besitztümer und gesellschaftlicher Status ist daher unser innerer oder mentaler Seinszustand. Die Mitglieder einer armen Familie werden glücklich sein, wenn zwischen ihnen eine liebevolle Zuneigung und Vertrauen herrschen. Ihre reichen Nachbarn mögen im Luxus leben, aber wenn ihre Gedanken von Misstrauen und Feindseligkeit beherrscht sind, werden sie kein echtes Glück erleben. Das sagt uns unser gesunder Menschenverstand. Der Schlüssel liegt also letztlich auf der mentalen Ebene.

Neuere soziologische Untersuchungen haben nicht nur gezeigt, dass der Einfluss materiellen Wohlstands auf das innere Wohlbefinden von kurzer Dauer ist, sondern sie lassen darüber hinaus den Schluss zu, dass der allgemeine Grad der Zufriedenheit in Gesellschaften, in denen der Wohlstand gleichmäßiger unter der Bevölkerung verteilt ist, größer ist als in solchen, in denen eine große Kluft zwischen Reich und Arm besteht. Das stützt einmal mehr die These, dass sich Wohlbefinden nicht an objektiven materiellen Kriterien bemessen lässt, sondern von einer ganzen Reihe kontextbezogener Faktoren abhängig ist, die den Bezug oder die innere Einstellung eines Menschen zum materiellen Wohlstand beeinflussen.

Und wie steht es mit der Gesundheit? Ist sie eine Quelle des Wohlbefindens? Auch hier lautet die Antwort: Natürlich ist sie das. Wie die meisten von uns aus eigener Erfahrung wissen, kann es für einen Menschen, der permanent unter Schmerzen oder Unwohlsein leidet, ausgesprochen schwer sein, eine positive Lebenseinstellung zu bewahren. Es ist also von entscheidender Bedeutung, dass wir auf unsere körperliche Gesundheit achten. Wir müssen ausreichend essen und für genügend Schlaf und Bewegung sorgen. Wenn wir krank werden, sollten wir einen entsprechenden Facharzt aufsuchen und seine Behandlungsanordnungen befolgen. So weit ist die Sache klar.

Wenn wir Gesundheit jedoch als eine rein physische Angelegenheit betrachten und uns ohne Rücksicht auf mentale und emotionale Faktoren nur um unser körperliches Befinden kümmern, liegen wir falsch. Denn es gibt keinen zwangsläufigen oder direkten Zusammenhang zwischen physischer Gesundheit und Glück. Kann nicht auch ein körperlich kräftiger und kerngesunder Mensch unglücklich sein? Das kommt sogar relativ häufig vor. Und ist es nicht gleichermaßen möglich, dass auch ein kranker oder sogar sehr kranker Mensch glücklich sein kann? Ich bin mir sicher, dass dies möglich ist. Müssen beispielsweise sehr alte Menschen zwangsläufig unglücklich sein, nur weil sie körperlich gebrechlich sind? Ganz sicher nicht!

Obwohl also die körperliche Gesundheit zum Glück eines Menschen beiträgt, ist sie letztendlich nicht dessen Quelle. Vielmehr müssen wir die wirkliche Quelle des Glücks einmal mehr auch in unserem mentalen Zustand suchen, in unserer Lebenseinstellung, unseren Beweggründen und im Maß der liebevollen Zuneigung, die wir anderen entgegenbringen.

Kommen wir nun zur Freundschaft. Sicher ist es wichtig, einen Kreis guter Freunde zu haben, mit denen wir gern zusammen sind und Erfahrungen teilen können. Als soziale Wesen sind wir auf die Beziehung zu anderen angewiesen, damit es uns gutgeht. Aber wir müssen sorgsam abwägen, was eine echte Freundschaft von oberflächlichen Beziehungen unterscheidet, die uns auch nur einen oberflächlichen Nutzen bringen. Geld, sozialer Status und äußere Erscheinung erzeugen in unserer Gesellschaft zweifellos ein hohes Maß an Aufmerksamkeit. Aber worauf richtet sich eine solche Aufmerksamkeit eigentlich? Ist es möglich, dass die Freundschaften, die wir dadurch gewinnen, nicht wirklich uns gelten, sondern vielmehr unserem Geld, unserem Status oder unserem guten Aussehen? Und wenn es so ist, was passiert dann, wenn sich das Blatt einmal gegen uns wendet? Was ist, wenn wir unser gutes Aussehen oder unser Vermögen einbüßen? Werden diese Freunde auch dann da sein, wenn wir sie brauchen, oder werden sie sich plötzlich in

Luft auflösen? Bei derartigen Freunden besteht die Gefahr, dass sie sehr bald verschwinden.

Es ist offensichtlich, dass echte Freundschaft nur auf der Grundlage von Vertrauen und Zuneigung entstehen und sich nur entwickeln kann, wenn ein Gefühl gegenseitiger Anteilnahme und Achtung vorhanden ist. Vertrauen und Güte, die den Gefühlen der Isolation und Einsamkeit entgegenwirken, entstehen demnach nicht durch äußere Faktoren wie die reine Anwesenheit anderer oder durch den äußeren Anschein von Freundschaft, sondern durch die eigene Haltung der Anteilnahme und Achtung, die man diesen anderen gegenüber einnimmt. Ihre eigentliche Quelle liegt in uns selbst.

Als ich vor vielen Jahren in Spanien war, lernte ich einen christlichen Mönch kennen, der fünf Jahre als Einsiedler in der Nähe seines Klosters gelebt hatte. Ich fragte ihn, was er in dieser Zeit getan habe. Er erwiderte, er habe über die Liebe meditiert. Als er das sagte, in einem Englisch, das noch holpriger war als mein eigenes, sah ich eine solche Tiefe der Gefühle in seinen Augen, dass es keiner weiteren Worte bedurfte. Er war der Inbegriff eines Menschen, der allein lebt, ohne einsam zu sein.

Was uns vor allem mit anderen verbindet, ist Warmherzigkeit oder Mitgefühl. Es gibt Menschen, die sich einsam fühlen, obwohl sie äußerlich von vielen Freunden und Bewunderern umgeben zu sein scheinen. Diesen Menschen möchte ich in Erinnerung rufen, dass das einzige Mittel gegen diese Art von Einsamkeit die eigene innere Haltung der Liebe, Anteilnahme und Warmherzigkeit ihren Mitmenschen gegenüber ist.

ZWEI EBENEN DER ZUFRIEDENHEIT

Diese Überlegungen machen deutlich, dass wir oft zwei verschiedene und weitgehend voneinander unabhängige Zustände miteinander vermischen, wenn wir von Glück sprechen – zwei unterschiedliche Ebenen der Zufriedenheit. Auf der einen Seite sind da die angenehmen Gefühle, die sinnliche Erfahrungen mit sich bringen. Wohlstand, Gesundheit und Freundschaft tragen viel zur Entstehung solcher Gefühle bei. Auf der anderen Seite existiert eine tiefere Ebene der Zufriedenheit, die nicht durch äußere Reize ausgelöst wird, sondern durch unsere eigene innere Befindlichkeit entsteht. Auf diese zweite Ebene der Zufriedenheit, die aus unserem Inneren kommt, beziehe ich mich, wenn ich von wahrem menschlichem Glück spreche.

Die erste Art von Zufriedenheit ist, da sie von sinnlichen Reizen abhängt, ihrem Wesen nach anfällig und vergänglich. Eine solche Befriedigung hält nur so lange vor, wie der Sinnesreiz andauert, und wenn sie vergeht, hinterlässt sie keinen bleibenden Eindruck auf unser allgemeines Wohlbefinden. Beispielsweise verbringen manche Leute viel Zeit mit dem Besuch von Sportveranstaltungen. Was aber bleibt, wenn die Veranstaltung zu Ende ist? Welche langfristige positive Wirkung hat sie erzeugt?

Genuss, der durch sinnliche Reize gewonnen wird, beruht in gewissem Maße immer auf der Befriedigung eines Verlangens. Und wenn der Wunsch, dieses Verlangen zu befriedigen, uns zu beherrschen beginnt, verwandelt sich dieser Genuss schließlich in eine Art Leid. Selbst die Lust am Essen kann zum Leid werden, wenn sie in Völlerei umschlägt.

Ich behaupte nicht, dass solche Freuden vollkommen wertlos sind. Ich will lediglich darauf hinweisen, dass die Befriedigung, die sie mit sich bringen, nicht von Dauer ist und einen Kreislauf des Verlangens anstößt, der sich ständig wiederholt. In der materialistischen Welt von heute, in der innere Werte oft vernachlässigt werden, wird die permanente Suche nach Sinnesreizen leicht zur Gewohnheit. Mir fällt oft auf, dass Menschen sich langweilen oder nervös werden und nicht wissen, was sie mit sich anfangen sollen, wenn sie weder Musik hören noch fernsehen oder telefonieren oder sonst irgendetwas tun. Das deutet darauf hin, dass sie in hohem Maße von der sinnlichen Ebene der Befriedigung abhängig sind.

Was ist mit der anderen, der inneren Ebene der Zufriedenheit? Woher kommt sie? Und wie kann man sie erlangen? In erster Linie setzt wahres Glück inneren Frieden oder einen gewissen Grad an geistiger Sammlung voraus. Wenn diese vorhanden sind, können uns äußere Beschwernisse wenig anhaben. Mit der Kraft und dem geistigen Halt, die uns der innere Friede gibt, sind wir gerüstet, Widrigkeiten aller Art durchzustehen.

Welchen Einfluss unsere innere Einstellung auf unser Glück hat, lässt sich an folgendem Beispiel zeigen. Stellen Sie sich vor, bei zwei Menschen wird die gleiche unheilbare Krankheit diagnostiziert, zum Beispiel eine nicht behandelbare Form von Krebs im fortgeschrittenen Stadium. Der eine reagiert auf diese Nachricht mit Wut und Selbstmitleid und kann an nichts anderes mehr denken als an die Ungerechtigkeit, die ihm widerfährt. Der andere fügt sich ruhig in das Unabänderliche. Die äußeren Umstände – ihr körperliches Befinden, ihr Leid – sind für beide gleich. Doch der Erste zieht zusätzlich zur physischen Krankheit auch psychischen und emotionalen Schmerz auf sich, während der Zweite, der seine innere Ruhe bewahrt, besser gerüstet ist, sein Leben weiterzuführen und sich mit dem zu beschäftigen, was ihm Freude bereitet. Das kann die Familie sein oder etwas, für das er sich besonders engagiert, oder auch Lesen. Das Einzige, worin sich die beiden unterscheiden, ist ihre innere Verfassung.

Aber auch wenn innerer Frieden unsere wichtigste Abwehr gegen Widrigkeiten und Leid darstellt, gibt es doch eine Reihe weiterer Faktoren, die einen beträchtlichen Einfluss darauf haben, welches Maß an Zufriedenheit und wahrem Glück wir erlangen. Der wichtigste dieser Faktoren ist neueren Forschungen zufolge ein Gefühl von Sinnhaftigkeit im Leben, das über das bloße Eigeninteresse hinausgeht, sowie das Gefühl, mit anderen verbunden oder Teil einer Gemeinschaft zu sein. Beides wurzelt meiner Ansicht nach in Mitgefühl oder Warmherzigkeit, und das ist das Thema, dem ich mich nun zuwende.

4 MITGEFÜHL, DIE GRUNDLAGE DES WOHLERGEHENS

FÜRSORGE, WÄRME UND FREUNDLICHKEIT

Wie alle Säugetiere werden wir Menschen von einer Mutter geboren, und nach der Geburt sind wir vollkommen abhängig davon, dass uns unsere Mutter oder eine andere Pflegeperson versorgt. Neun Monate lang werden wir im Mutterleib ernährt, und im Augenblick unserer Geburt sind wir absolut hilflos. Wir können weder sitzen noch krabbeln und schon gar nicht aufrecht stehen oder laufen. Ohne die Pflege und Zuwendung durch andere würden wir sterben. In diesem Zustand äußerster Hilflosigkeit ist das Erste, was wir als neugeborene Kinder tun, dass wir an der Brust unserer Mutter saugen. Mit ihrer Milch gibt sie uns Nahrung und Kraft. Tatsächlich ist die Phase der anfänglichen Abhängigkeit bei Menschen besonders lang. Das gilt für uns alle, selbst für die schlimmsten Verbrecher – selbst für Menschen wie Hitler oder Pol Pot. Ohne die liebevolle Fürsorge eines anderen hätte keiner von uns länger als ein paar Tage überlebt. Als Folge dieser hochgradigen Abhängigkeit von anderen in unserer frühkindlichen Entwicklung ist die Bereitschaft zur liebevollen Zuwendung in unserer biologischen Natur angelegt.

Das ist ein Wesenszug, den wir mit anderen Säugetieren und auch mit den Vögeln teilen – mit all jenen Lebewesen, die am Anfang ihres irdischen Seins darauf angewiesen sind, dass andere für sie sorgen. All diese Tiere empfinden deutlich eine Art von Beziehung oder Verbundenheit. Selbst wenn man es vielleicht nicht Liebe oder Zuneigung nennen kann, gibt es bei ihnen doch so etwas wie ein Gefühl der Nähe.

Im Gegensatz dazu unterscheiden wir uns von Schildkröten oder Schmetterlingen, die ihre Eier ablegen, sich von ihnen entfernen und ihre Nachkommen nie wiedersehen. Da diese Tiere keine Aufzuchtphase kennen, frage ich mich, ob sie in der Lage sind, Liebe und Zuneigung wertzuschätzen. Während einer Rede an der Universität Oxford habe ich kürzlich, nur halb im Scherz, den Wissenschaftlern im Publikum vorgeschlagen, solchen Fragen einmal bei ihren Forschungen nachzugehen. Erkennen beispielsweise Tiere, die zu keiner Zeit ihres Lebens versorgt werden müssen, ihre Eltern? Irgendwie bezweifle ich das. Es würde mich sehr interessieren, das in Erfahrung zu bringen.

Aber für uns Menschen, die wir so lange genährt werden müssen, sind die Fürsorge und liebevolle Zuwendung anderer zweifellos lebensnotwendig und für unser Wohlergehen unverzichtbar. Neuere Untersuchungen haben gezeigt, dass die Berührung der Mutter oder einer anderen Pflegeperson in der frühesten Kindheit das physische Wachstum unseres Gehirns beeinflusst. Und Erkenntnisse auf dem Gebiet der Psychologie bestätigen, dass die Fürsorge, die wir als Säuglinge und Kinder erfahren, einen entscheidenden Einfluss auf unsere emotionale und psychische Entwicklung hat. Die Forschung hat außerdem gezeigt, dass Menschen, die als Kinder keine Liebe erfahren, im späteren Leben oft unter einem tiefsitzenden Gefühl der Unsicherheit leiden.

Vor ein paar Jahren habe ich ein Projekt kennengelernt, dessen Ziel es ist, die Situation von Kindern in Waisenhäusern in notleidenden Regionen Lateinamerikas zu verbessern. Die Maßnahmen, die im Rahmen dieses Projekts durchgeführt werden, sind einerseits das Ergebnis intensiver psychologischer Forschung, andererseits aber auch eine Sache des gesunden

Menschenverstandes, denn sie beruhen auf der Erkenntnis, dass menschliche Wärme und Zuneigung für unsere geistige und körperliche Entwicklung von entscheidender Bedeutung sind. Zu den Maßnahmen gehört, dass die Kinder in kleineren Schlafräumen als bisher untergebracht werden, in denen sie sich geborgener fühlen. Außerdem werden sie in kleinen Gruppen von einer bestimmten Bezugsperson betreut, damit sie so etwas wie natürliche familiäre Bindungen entwickeln können. Im Umgang mit ganz kleinen Kindern werden die Pflegepersonen ermutigt, möglichst oft Körperkontakt zu ihren Schützlingen aufzunehmen, mit ihnen zu reden, ihnen beim Windelwechseln in die Augen zu sehen und so weiter. Die Wirkung, die solche ganz einfachen Dinge haben, kann ein Leben lang anhalten.

Unsere Abhängigkeit von anderen ist in der Kindheit am offensichtlichsten, aber sie endet nicht mit dem Erwachsenwerden. Wann immer wir im Leben Probleme haben, suchen wir bei anderen Hilfe und Unterstützung. Wenn wir krank sind, gehen wir beispielsweise zum Arzt. Im Verlauf unseres Lebens wirkt sich schlichte menschliche Wärme und Zuneigung sogar auf unsere körperliche Gesundheit aus. Wenn wir krank sind, hängt unsere Genesung nicht nur davon ab, dass wir die richtige Behandlung bekommen und unserem Blutkreislauf die richtigen Medikamente zuführen, sondern in beträchtlichem Maße auch von der menschlichen Fürsorge, die wir erfahren.

Dass dies so ist, habe ich kürzlich wieder einmal selbst erlebt, als ich mich in Delhi einer Gallenblasenoperation unterziehen musste. Eigentlich sollte es ein harmloser Eingriff sein, aber dann gab es Komplikationen, und die Operation, die eigentlich zwanzig Minuten hätte dauern sollen, zog sich ganze vier Stunden hin. Anschließend musste ich noch ein paar Tage im Krankenhaus bleiben. Zum Glück waren die Ärzte und Pflegekräfte sehr freundlich und warmherzig zu mir, und ich erinnere mich, dass viel gelacht und gescherzt wurde. Ich bin fest davon überzeugt, dass ich meine rasche Genesung zum großen Teil dieser warmen und fröhlichen Atmosphäre um mich herum verdanke, zu der sie mit ihrem Verhalten beigetragen haben.

Auch am Ende unseres Lebens sind wir auf die Wärme und Freundlichkeit anderer angewiesen. Wie viel besser ist es, umgeben von Liebe und Zuneigung und in einer Atmosphäre des Friedens und des Glücks aus der Welt zu scheiden, als beim Sterben von Zwietracht und Missgunst umgeben zu sein. Rein rational gesehen müsste es uns gleichgültig sein, was andere von uns halten, wenn es ans Sterben geht, denn wenn wir tot sind, spielt ihre Meinung keine Rolle mehr für uns. Aber in Wirklichkeit ist es uns alles andere als gleichgültig. Wenn die Zeit zum Sterben gekommen ist, hat die Zuneigung anderer eine tiefe Bedeutung für uns. Das ist einfach ein Teil unseres menschlichen Wesens.

Natürlich sind wir nicht die einzigen Lebewesen, die auf Wärme und liebevolle Zuwendung angewiesen sind. Wissenschaftliche Studien zeigen, dass dies in ähnlicher Weise auch auf diverse andere Säugetiere, die aufgezogen werden müssen, zutrifft. Beispielsweise war ich kürzlich mit dabei, als Forscher die Ergebnisse einer wissenschaftlichen Studie über das Verhalten von Affen vorstellten. Sie hatten beobachtet, dass Affenkinder, die bei ihren Müttern aufwuchsen, insgesamt verspielter und weniger streitlustig waren als solche, die direkt nach der Geburt von ihren Müttern getrennt worden waren. Letztere legten ein aggressives Verhalten an den Tag, das darauf hindeutete, dass sie emotional erregt waren und dass es ihnen an innerer Sicherheit mangelte. In einer anderen Studie war untersucht worden, welche Rolle die Fellpflege für die frühe körperliche

Entwicklung von Ratten spielt. Selbst diejenigen Ratten, bei denen die Ängstlichkeit durch Züchtung besonders ausgeprägt war, reagierten positiv, wenn sie von einer anderen Ratte geleckt wurden, und ihr ängstliches Verhalten legte sich nach und nach unter dem Einfluss dieser Zuwendung. Es konnten sogar physische Veränderungen im Gehirn der bedauernswerten Tiere nachgewiesen werden, die zeigten, dass durch die Fellpflege beruhigende Botenstoffe freigesetzt und Stresshormone im Körper abgebaut werden.

Damit will ich nicht sagen, dass unser Wohlbefinden etwas rein Passives ist und ausschließlich davon abhängt, wie uns andere behandeln. Wichtiger noch als die Wärme und Zuneigung, die wir empfangen, ist die Wärme und Zuneigung, die wir anderen entgegenbringen. Indem wir anderen Wärme und Zuneigung schenken und uns ehrlich um sie sorgen – also durch Mitgefühl – schaffen wir die Voraussetzungen für wahres Glück. Aus diesem Grund ist es sogar noch wichtiger zu lieben, als geliebt zu werden.

Viele Menschen gehen irrtümlich davon aus, Mitgefühl sei ein Ausdruck von Religiosität. Dem ist nicht so. Mitgefühl spielt zwar in der Morallehre aller großen Religionen eine zentrale Rolle, aber es ist keine genuin religiöse Tugend. Wie gesagt, sind viele Tiere und ganz sicher alle Säugetiere zum Mitgefühl fähig.

Viele Menschen glauben, Mitgefühl gegenüber anderen sei nur für diese anderen und nicht für sie selbst gut. Auch das ist nicht richtig. Ob unsere Güte anderen einen Nutzen bringt oder nicht, hängt von sehr vielen Faktoren ab, von denen sich einige unserem Einfluss entziehen. Aber gleichgültig, ob es uns gelingt, anderen einen Nutzen zu bringen oder nicht, die ersten Nutznießer unseres Mitgefühls sind immer wir selbst. Wenn

Mitgefühl oder Warmherzigkeit in uns entsteht und unseren Blick von unserem Eigeninteresse weglenkt, ist das, als würden wir eine innere Tür öffnen. Mitgefühl verringert unsere Ängste, stärkt unser Selbstwertgefühl und gibt uns innere Kraft. Indem es Misstrauen zurückdrängt, öffnet es uns für andere und erzeugt eine Verbundenheit mit ihnen und gibt uns das Gefühl, einen Sinn und Zweck im Leben zu haben. Es verschafft uns darüber hinaus Abstand zu unseren eigenen Problemen.

Als ich vor einiger Zeit Bodh Gaya, eine bedeutende buddhistische Pilgerstätte in Indien, besuchte, erkrankte ich an einem schweren Magen-Darm-Infekt. Ich hatte so starke Schmerzen, dass ich alle Unterweisungen, die dort geplant waren, absagen musste. Es tat mir sehr leid, Tausende von Menschen enttäuschen zu müssen, die, manche von weit her, angereist waren, um daran teilzunehmen. Aber ich musste mich schnellstmöglich zur Behandlung in ein Krankenhaus begeben. Damit verbunden war eine Fahrt durch einige der ärmsten ländlichen Regionen Indiens.

Ich litt unter akuten Bauchschmerzen. Bei jedem Schlagloch, über das wir fuhren, wurde der Schmerz schier unerträglich. Wenn ich aus dem Fenster blickte, sah ich weit und breit nur Szenen der Armut. Dann fiel mein Blick im Vorüberfahren auf einen sehr alten Mann, der nicht weit von der Straße auf einer Pritsche lag. Er war allein und schien niemanden zu haben, der sich um ihn kümmerte. Auf der weiteren Fahrt ging mir die Tragödie der Armut und des menschlichen Leids nicht mehr aus dem Kopf. Später stellte ich fest, dass meine eigenen Schmerzen nachgelassen hatten, während meine Gedanken von meinem eigenen Leid abgeschweift waren und sich auf die Not anderer gerichtet hatten.

Die Beobachtung, dass unsere Anteilnahme an anderen sich

positiv auf unser eigenes Wohlbefinden auswirkt, wird durch die Ergebnisse der wissenschaftlichen Forschung bestätigt. Mittlerweile liegen immer mehr wissenschaftliche Beweise vor, dass sich Liebe, Güte, Vertrauen und so weiter nicht nur auf unsere Psyche, sondern nachweislich auch auf unsere körperliche Gesundheit positiv auswirken. Einer jüngst durchgeführten Studie zufolge kann sich die bewusste Kultivierung von Liebe und Mitgefühl sogar auf unsere Erbinformation selbst auswirken, und zwar auf diejenigen Teile unserer DNA, die *Telomere* genannt und mit dem Alterungsprozess in Verbindung gebracht werden.

Umgekehrt schwächen negative Gefühle wie Angst, Wut und Hass unsere Abwehrkräfte gegen Krankheiten und Infektionen, wie weitere Studien ergeben haben. Ein mit mir befreundeter Wissenschaftler hat mir kürzlich erklärt, dass lang anhaltende negative Gefühle unser Immunsystem regelrecht zersetzen können.

Vor Jahren habe ich in New York einen Vortrag gehört, in dem Mediziner die These vortrugen, dass Menschen, die überdurchschnittlich oft Personalpronomen in der ersten Person wie »ich«, »mir«, »mein« verwenden, sehr viel häufiger einen Herzinfarkt erleiden als andere, die dies nicht tun! Sie boten keine wissenschaftliche Erklärung dafür, aber für mich war ziemlich offensichtlich, was das hieß. Die ständige Verwendung von Personalpronomen in der ersten Person deutet auf eine ausgeprägte Ich-Zentriertheit hin. Solche Menschen sind vermutlich anfälliger für den Stress und die innere Unruhe, die mit Ich-Zentriertheit verbunden sind. Und Stress und innere Unruhe sind bekanntlich schlecht für das Herz. Allerdings sind Menschen, die ständig von sich selbst reden, zumindest ehrlich, was meiner Ansicht nach besser ist als ich-zentriert zu sein, sich aber mitfühlend zu geben.

Die unlösbare Beziehung zwischen geistiger und emotionaler Einstellung einerseits und Wohlbefinden und Gesundheit andererseits legt für mich den Schluss nahe, dass wir allein schon durch unsere körperliche Beschaffenheit zu positiven Gefühlen hingeleitet werden. Liebe und Zuneigung liegen uns, wie ich oft zu sagen pflege, offenbar im Blut.

Nun ist es nicht grundsätzlich falsch, die eigenen Interessen zu verfolgen. Es ist im Gegenteil Ausdruck unseres elementaren Bestrebens, glücklich zu sein und Leid von uns fernzuhalten. Tatsächlich sind wir überhaupt nur in der Lage, die Liebe und Freundlichkeit anderer zu würdigen, weil wir unsere eigenen Bedürfnisse beachten. Dieses instinktive Verfolgen der eigenen Interessen kehrt sich nur dann ins Negative, wenn wir übertrieben ich-zentriert sind. Wenn das der Fall ist, verengt sich unser Blick, und wir sind außerstande, die Dinge in ihrem größeren Zusammenhang wahrzunehmen. Und aus solch einer engen Perspektive heraus können selbst geringfügige Probleme eine so gewaltige Frustration erzeugen, dass sie unerträglich erscheinen. In solch einem Zustand besteht die Gefahr, dass wir in dem Moment, in dem wir wirklich vor einer großen Herausforderung stehen, alle Hoffnung verlieren, verzweifeln, uns allein fühlen und vor Selbstmitleid vergehen.

Wichtig ist, dass wir, wenn wir unser Eigeninteresse verfolgen, »auf kluge Weise egoistisch« und nicht »auf törichte Weise egoistisch« sind. Wer auf törichte Weise egoistisch ist, verfolgt sein eigenes Interesse engstirnig und kurzsichtig. Wer auf kluge Weise egoistisch ist, nimmt einen breiteren Blickwinkel ein und erkennt, dass auf lange Sicht unser Eigeninteresse im Wohlergehen aller Menschen liegt. Auf kluge Weise egoistisch sein heißt mitfühlend sein.

Die menschliche Fähigkeit zum Mitgefühl ist also weder banal noch selbstverständlich. Sie ist vielmehr etwas, das wir hegen und pflegen sollten. Mitgefühl ist ein Wunder der menschlichen Natur, eine kostbare innere Ressource und das Fundament, auf das sich unser persönliches Wohlbefinden und die gesellschaftliche Harmonie gründen. Wenn wir selbst glücklich sein wollen, sollten wir Mitgefühl üben, und wenn wir wollen, dass andere glücklich sind, sollten wir ebenfalls Mitgefühl üben.

MUTTERLIEBE

Der erste Mensch, der mir gezeigt hat, was Mitgefühl ist, war meine Mutter. Sie war eine einfache Bauersfrau und konnte weder lesen noch schreiben, aber ich kann mir kein besseres Beispiel für einen Menschen vorstellen, der zutiefst vom Geist des Mitgefühls durchdrungen ist. Jeder, der sie kannte, war von ihrer Sanftheit und Warmherzigkeit beeindruckt. Sie war das genaue Gegenteil zu meinem Vater, der ein aufbrausendes Temperament hatte und uns Kinder sogar manchmal schlug. Als Sohn hatte ich das Glück, eine Extraportion Liebe von meiner Mutter zu bekommen, und ich bin sicher, dass mir das geholfen hat, selbst ein mitfühlenderer Mensch zu werden. Als kleines Kind habe ich ihre Güte manchmal vielleicht ausgenutzt. Sie trug mich oft auf den Schultern, und ich hielt mich dann mit beiden Händen an ihren Ohren fest. Wenn ich wollte, dass sie nach rechts geht, zog ich an ihrem rechten Ohr. Wenn sie nach links gehen sollte, zog ich am linken Ohr. Und wenn sie sich einmal zur falschen Seite wendete, machte ich ein großes Theater. Natürlich tat sie nur so, als würde sie meine Zeichen nicht verstehen, und sie nahm mein Geschrei hin, ohne böse zu werden. Tatsächlich kann ich mich nicht erinnern, dass sie je einem anderen Menschen gegenüber die Beherrschung verloren hätte. Sie war eine außergewöhnlich sanfte Person, nicht nur im Umgang mit ihren eigenen Kindern, sondern allen Menschen gegenüber, denen sie begegnete.

Die Liebe einer Mutter zu ihrem Kind ist zweifellos biologisch bedingt. Der Mutterinstinkt ist eine starke Kraft, die eine Frau in die Lage versetzt, ungeachtet eigener körperlicher Schmerzen und Erschöpfung für ihr Kind zu sorgen. Diese Selbstaufopferung hat nichts mit ihrem Bildungsgrad, ihrem ethischen Verständnis oder mit irgendetwas anderem zu tun, sondern sie ist etwas ganz Natürliches.

Ein Erlebnis, das ich auf einem Nachtflug von Japan in die USA hatte, machte mir einmal mehr deutlich, wie groß die Kraft der Liebe einer Mutter gegenüber ihrem Kind ist. In der Reihe neben mir saß ein junges Paar mit zwei kleinen Kindern. Das ältere war etwa drei bis vier Jahre alt, das kleinere noch ein Baby, ein Jahr alt vielleicht. Der Flieger war kaum in der Luft, als das ältere Kind, ein Junge, aufsprang und aufgeregt und voller Energie hin und her rannte. Der Vater lief ihm immer wieder nach und brachte ihn zu seinem Sitz zurück. Irgendwann bot ich dem Jungen eine Süßigkeit an. Er nahm sie wortlos und lief dann weiter herum. Mittlerweile hatte das Baby angefangen zu weinen, und die Eltern versuchten abwechselnd, es zu beruhigen, indem sie mit ihm im Gang auf und ab gingen. Schließlich wurde der Junge müde und schlief ein, aber das Baby war immer noch unruhig und hörte nicht auf zu weinen. Anfangs kümmerte sich der Vater mit um das Baby, aber irgendwann schlief auch er ein. Am Morgen stellte ich fest, dass die Mutter rote Augen hatte. Sie hatte nicht geschlafen, sondern sich die ganze Nacht über um das Baby gekümmert, und doch konnte ich keine Spur von Unmut oder Gereiztheit an ihr erkennen – sie ging immer noch sehr sanft und hingebungsvoll mit ihren Kindern um. Ich kann mir nicht vorstellen, dass ich so geduldig sein könnte.

Diese bedingungslose Liebe, wie sie eine Mutter gegenüber ihrem neugeborenen Kind empfindet, meine ich, wenn ich vom Mitgefühl als Quelle aller uns gemeinsamen ethischen oder spirituellen Werte spreche. Und diese Liebe, im christlichen Bild der Madonna mit Kind so treffend veranschaulicht, ist es, die ich so kraftvoll finde.

EBENEN DES MITGEFÜHLS

Im Allgemeinen unterscheide ich zwei Ebenen des Mitgefühls. Einmal die gerade beschriebene biologische Ebene, für die beispielhaft die Liebe einer Mutter zu ihrem neugeborenen Kind steht. Und zum anderen die erweiterte Ebene, die wir bewusst pflegen müssen.

Mitgefühl auf der biologischen Ebene, wie die Liebe einer Mutter zu ihrem Kind, kann zwar bedingungslos sein, ist aber auch einseitig und in seiner Reichweite begrenzt. Dennoch ist es von immenser Bedeutung, weil es die Saat ist, aus der sich das unvoreingenommene Mitgefühl entwickelt. Wir können das uns angeborene Vermögen zur Warmherzigkeit nehmen und es mit Hilfe unserer Intelligenz und Überzeugung erweitern.

Allgemein neigen wir stark dazu, unsere Fürsorge zuerst auf diejenigen zu beschränken, die uns nahestehen, und sie dann auf die Gemeinschaft, in der wir leben, auszuweiten – auf diejenigen, die beispielsweise dieselbe Sprache sprechen, die im selben Ort wohnen oder denselben Glauben haben wie wir. Das ist ganz natürlich, und es kann eine große Kraft darin wohnen.

Wenn Menschen durch ihr Engagement für eine bestimmte Sache oder durch ihr Zugehörigkeitsgefühl zu einer bestimmten Gruppe motiviert sind, kann sie das dazu befähigen, Großes zu vollbringen. Solche Gefühle können Menschen verbinden und ihnen helfen, über ihr begrenztes Eigeninteresse hinauszugehen. In dieser Hinsicht sind sie etwas Positives. Bedauerlicherweise geht jedoch mit diesen Zugehörigkeiten – seien sie familiärer, sozialer, nationaler, sprachlicher oder religiöser Art – oft eine erhöhte Unterscheidung zwischen »uns« und »ihnen« einher. Das Problem besteht nun darin, dass wir Gefahr laufen, unsere umfassendere Identität als Menschen zu vergessen, wenn wir uns ausschließlich über diese oder jene Gruppe definieren.

Eine Schlüsselrolle bei voreingenommenen Gefühlen spielen Bindungen. Während einer wissenschaftlichen Tagung in Argentinien sagte einer der Mentoren meines Freundes Francisco Varela zu mir, dass er sich als Wissenschaftler nicht zu eng an sein Forschungsgebiet gebunden fühlen dürfe, weil er sonst seine Fähigkeit, Fakten objektiv zu bewerten, verlieren könnte. Als er das sagte, kam mir sofort der Gedanke, dass seine Worte auch für die Religion gelten sollten. Beispielsweise sollte ich mich als Buddhist bemühen, keine übertrieben enge Bindung an den Buddhismus zu entwickeln. Denn wenn ich das täte, würde es mir den Blick für die Werte anderer Religionstraditionen verstellen.

Überdies ist beim Vorhandensein eines Bindungselements unsere Liebe und Fürsorge anderen gegenüber oft davon abhängig, wie sie sich uns gegenüber verhalten. Wir interessieren uns für diejenigen, denen etwas an uns gelegen ist und die uns gut behandeln. Wenn unsere Zuneigung aber davon abhängt, dass unsere eigenen Ziele und Wünsche, die wir auf andere projizieren, erfüllt werden, wird sie zerbrechlich bleiben. Solange die anderen unsere Erwartungen erfüllen, ist alles gut, aber wenn sie es nicht tun, kann sich unsere Zuneigung schnell in Abneigung oder gar Hass verkehren.

Im Gegensatz dazu wohnt dem erweiterten, universellen Mitgefühl kein Element der Selbstbezogenheit inne, sondern das schlichte Bewusstsein, dass alle anderen ebenfalls Menschen sind, die wie wir danach streben, Glück zu erlangen und Leid von sich fernzuhalten. Diese Art von Mitgefühl beinhaltet, dass unsere Anteilnahme an anderen auf vollkommen festem Grund steht und unabhängig davon ist, was die anderen von uns halten. Selbst wenn uns andere bedrohen oder beschimpfen, ändert das nichts an unserem Mitgefühl für sie und an unserer Sorge um ihr Wohlergehen. Echtes Mitgefühl gilt also nicht dem Verhalten von Menschen, sondern den Menschen selbst.

Da uns Abneigung, Wut und Feindseligkeit keinen Nutzen bringen, ist es eindeutig in unserem Interesse, unsere Einstellung anderen gegenüber auf ein solches Fundament echten, bedingungslosen und unvoreingenommenen Mitgefühls zu gründen. Wenn wir das tun, hat dies zweifellos positive Folgen für uns.

Ich plädiere dafür, dass wir das begrenzende oder voreingenommene Gefühl der Verbundenheit mit dieser oder jener Gruppe oder Identität hinter uns lassen und stattdessen ein Gefühl der Verbundenheit mit der gesamten Menschenfamilie kultivieren. Die Unterscheidung zwischen »uns« und »ihnen« kann zu Konflikten und sogar zu Kriegen führen, und das geschieht auch nicht selten. Viel besser und auch realistischer ist ein Bekenntnis zum »Wir«.

Der Gedanke eines universellen Mitgefühls mag manchen zu idealistisch und vielleicht sogar religiös erscheinen. Ich glaube nicht, dass dies stimmt. Vieles, was wir heute für selbstverständlich, praktikabel und notwendig halten, wie beispielsweise die Vorstellung, dass es eine universelle Bildung gibt, hätte man früher als zu idealistisch abgetan. Und was den Einwand betrifft, der Gedanke eines universellen Mitgefühls sei religiös, so bin ich auch hier anderer Meinung. Natürlich liegen der Selbstlosigkeit und dem Dienst an anderen bei manchen Menschen religiöse Überzeugungen zugrunde, weil sie glauben, damit Gott zu dienen. Aber gleichzeitig gibt es heute unzählige andere Menschen, denen das Wohlergehen der gesamten Menschheit am Herzen liegt und die dennoch keiner Religion angehören. Ich denke dabei zum Beispiel an all die Ärzte und ausländischen Hilfskräfte, die in Gebieten wie Darfur, Haiti oder sonst wo auf der Welt, in denen Konflikte herrschen oder sich Naturkatastrophen ereignet haben, Hilfe leisten. Einige von ihnen mögen einer bestimmten Religion angehören, aber für viele trifft dies nicht zu. Ihre Fürsorge gilt nicht dieser oder jener Gruppe, sondern einfach allen Menschen. Was sie antreibt, ist echtes Mitgefühl – die Entschlossenheit, das Leid anderer zu lindern.

Daher habe ich keinen Zweifel daran, dass ein universelles Mitgefühl innerhalb eines rein weltlichen Rahmens Bestand haben kann. Mein langjähriger Freund Professor Paul Ekman, ein Pionier auf dem Gebiet der Erforschung menschlicher Gefühle, bemerkte mir gegenüber einmal, selbst Charles Darwin, der Vater der modernen Evolutionstheorie, sei der Auffassung gewesen, dass »die Liebe zu allen Lebewesen die edelste aller Eigenschaften des Menschen« sei.

Mir ist noch sehr deutlich die weltweite Reaktion auf den Tsunami im Indischen Ozean im Winter 2004 in Erinnerung. Die überwältigende öffentliche Anteilnahme brachte für mich auf beeindruckende Weise unsere Einheit als Menschenfamilie zum Ausdruck. Und das war kein einmaliges Phänomen. Mit ähnlicher Betroffenheit und Anteilnahme reagierten die Menschen auf jüngere Tragödien. In einer Zeit, in der Nachrichten blitzschnell um die Welt gesendet werden, sind unser Gemeinschaftsgefühl und unsere Sorge um Menschen, die weit entfernt von uns leben, viel stärker geworden. Anfang des 20. Jahrhunderts waren nationalistische Gefühle stark ausgeprägt, während es nur ein geringes Bewusstsein von der Menschheit als Ganzem gab. In jener Zeit nahmen die Menschen das, was in anderen Ländern oder auf anderen Kontinenten passierte, kaum wahr. Heute jedoch, da die globalen Medien Nachrichten in solcher Geschwindigkeit übermitteln, ist uns die Vernetztheit der Menschen in aller Welt viel bewusster geworden. Gleichzeitig scheinen sich die allgemeine Anteilnahme an der gesamten Menschheit und das Bewusstsein für den Wert der Menschenrechte vertieft zu haben. Für mich gibt diese Entwicklung Anlass, sehr optimistisch in die Zukunft zu blicken.

Um sich in dieser Weise Gedanken um all seine Mitmenschen zu machen, muss man keine besondere Person oder ein Heiliger sein. Universelles Mitgefühl ist vielmehr für jeden erreichbar. Während der nationalsozialistischen Diktatur haben einige Deutsche große Anstrengungen unternommen, um jüdische Mitbürger zu schützen und vor Verfolgung zu retten, und dadurch ihr eigenes Leben in Gefahr gebracht. Gefragt, warum sie das getan haben, sagten die meisten von ihnen, sie hätten es als ihre Pflicht angesehen, und im Übrigen hätte jeder an ihrer Stelle genauso gehandelt. Und das waren ganz normale Menschen. Jeder, der mitfühlend ist – sich also um seine Mitmenschen sorgt – ist solcher heroischen Taten fähig.

Manchen Lesern widerstrebt möglicherweise noch die Vorstellung von einem universellen Mitgefühl. Sie bewundern eine solche Einstellung vielleicht bei anderen, haben aber das Gefühl, dass sie, wenn sie selbst diese Haltung annehmen, »das Elend der gesamten Welt« auf sich laden, und meinen, dass in ihrem Leben kein Platz für all dieses zusätzliche Leid ist. Bis zu einem gewissen Grad trifft es zu, dass wir, wenn wir uns um andere sorgen, an Nöten teilhaben, die nicht unsere eigenen sind. Aber das Unbehagen, das wir empfinden, wenn wir den Schmerz anderer teilen, unterscheidet sich grundsätzlich von der direkten Erfahrung unseres eigenen Leids. Wenn wir uns in einen Menschen einfühlen, der Kummer hat, empfinden wir vielleicht anfangs ein gewisses inneres Unbehagen. Doch indem wir uns aus freien Stücken dafür entscheiden, uns für die Probleme dieses anderen zu öffnen, beweisen wir Mut, und Mut erzeugt Zuversicht. Wenn es sich dagegen um das eigene Leid handelt, haben wir eine solche Wahlfreiheit nicht. Der Unterschied ist offensichtlich.

Empathie bringt zwar Mitgefühl hervor, aber beide sind nicht das Gleiche. Empathie ist durch emotionale Resonanz gekennzeichnet, durch ein Sicheinfühlen in einen anderen Menschen. Beim Mitgefühl geht es dagegen nicht nur darum, an der Erfahrung eines anderen teilzuhaben, sondern es beinhaltet zusätzlich den Wunsch, dessen Leid zu lindern. Mitfühlend zu sein bedeutet nicht, dass man gänzlich auf der Ebene des Fühlens verharrt, was ziemlich kräftezehrend sein kann. Ein mitfühlender Arzt beispielsweise, der permanent damit beschäftigt wäre, das Leid seiner Patienten zu teilen, könnte seine Aufgabe kaum noch wirkungsvoll erfüllen. Mitfühlend zu sein heißt, dass man etwas *tun* möchte, um anderen eine Last von den Schultern zu nehmen, und dieser Wunsch zu helfen zieht uns keineswegs auch noch selbst tiefer ins Unglück, sondern gibt uns im Gegenteil Kraft, Orientierung und Zielstrebigkeit.

Wenn wir aus einer solchen Motivation heraus *handeln*, wirkt sich dies positiv für uns selbst und für die Menschen um uns herum aus.

Da universelles Mitgefühl aber heißt, dass wir den Radius unserer Anteilnahme allmählich vergrößern, bis es schließlich die gesamte Menschheit umfasst, muss es ständig gepflegt werden. Mit Hilfe unserer Intelligenz und unserer Überzeugung von der Notwendigkeit und vom Wert universellen Mitgefühls lernen wir, unsere Anteilnahme schrittweise zu erweitern, sie vom engsten Kreis der Familie auszudehnen auf all jene Menschen, mit denen wir in Berührung kommen, einschließlich unserer Feinde, dann auf die gesamte Menschenfamilie und schließlich sogar auf alle Lebewesen.

SICH IM MITGEFÜHL ÜBEN

Religiöse Menschen verfügen über reiche Ressourcen für das Üben von Mitgefühl, und eine religiöse Haltung kann eine Quelle sein, aus der die gesamte Menschheit viel schöpfen kann. Aber sie ist keine unabdingbare Voraussetzung, um sich im Mitgefühl zu üben. Es gibt bereits säkulare Techniken für das Üben von Mitgefühl, deren Wirksamkeit sogar wissenschaftlich erwiesen ist.

Die Entwicklung innerer Werte scheint einem sportlichen Training sehr ähnlich zu sein. Je mehr wir unsere Fertigkeiten trainieren, umso stärker werden sie. Von meinem langjährigen Freund Richard Davidson durchgeführte neurowissenschaftliche Studien haben beispielsweise gezeigt, dass Übungen zum Mitgefühl, selbst wenn sie nur über einen kurzen Zeitraum von zwei Wochen praktiziert werden, die Gehirnströme erkennbar verändern und die Bereitschaft zum Spenden für mildtätige Zwecke erhöhen können.

Ich hege die Hoffnung, dass derartige Forschungen den Weg für die Einführung eines Mitgefühl-Trainings an Schulen bereiten, was außerordentlich lohnend sein könnte. Das Schwergewicht von Bildung und Erziehung liegt heute vor allem auf materialistischen Werten. Ich weise jedoch oft darauf hin, wie wichtig es ist, dass wir neben der Erziehung des Intellekts unserer Kinder die Erziehung ihres Herzens nicht vergessen, und ein Schlüsselelement bei der Erziehung des Herzens besteht darin, dass wir ihr mitfühlendes Wesen fördern. Auf dieses Thema werde ich zurückkommen.

5 MITGEFÜHL UND DIE FRAGE DER GERECHTIGKEIT

MITGEFÜHL ALS BASIS

In den vergangenen Jahren habe ich bei etlichen Gelegenheiten erlebt, dass umsichtige Menschen, die für das Konzept einer säkularen Ethik aufgeschlossen sind, Zweifel an meiner Ansicht geäußert haben, ein solches säkulares Moralsystem könne sich auf Mitgefühl gründen. Viele sehen offenbar einen Gegensatz zwischen dem Prinzip des Mitgefühls, das Versöhnlichkeit beinhaltet, und dem Grundsatz der Gerechtigkeit, dem zufolge Fehlverhalten bestraft werden muss. In den Augen dieser Menschen muss einem humanistischen Moralverständnis nicht Mitgefühl, sondern das Prinzip der Gerechtigkeit oder Fairness zugrunde liegen. Wenn man Mitgefühl und Versöhnlichkeit den Vorrang einräumen würde, dann, so argumentieren sie, könnten Übeltäter ungestraft davonkommen und Aggressoren würden die Oberhand gewinnen. Eine Ethik des Mitgefühls, sagen sie, laufe letztlich auf nichts anderes hinaus als auf eine Ethik der Opferhaltung, bei der Aggression immer den Sieg davonträgt, Fehlverhalten immer verziehen wird und dic Schwachen wehrlos sind.

All diese Einwände beruhen meiner Ansicht nach auf einem grundsätzlichen Missverständnis dessen, was Mitgefühl tatsächlich bedeutet. Das Prinzip des Mitgefühls – der Wunsch also, andere von Leid befreit zu sehen – beinhaltet in keiner Weise, dass wir uns den Untaten anderer unterwerfen oder Ungerechtigkeiten klaglos über uns ergehen lassen. Mitgefühl fördert keineswegs eine Haltung der Schwäche und Passivität, sondern es erfordert im Gegenteil große Kraft und Charakterstärke.

Viele Menschen, die sich in unserer Zeit im Kampf gegen Ungerechtigkeit besonders hervorgetan haben, Persönlichkeiten mit starkem Charakter und großer Entschlossenheit wie Mahatma Gandhi, Mutter Theresa, Nelson Mandela, Martin Luther King, Vaclav Havel und andere, haben aus einem universellen Mitgefühl heraus gehandelt. Man kann diese Menschen kaum als schwach oder ängstlich bezeichnen, nur weil mit ihrem Engagement für das Wohl anderer das Bekenntnis zur Gewaltlosigkeit einherging.

Wie schon gesagt bedeutet Mitgefühl unter keinen Umständen, dass man Fehlverhalten oder Ungerechtigkeiten einfach hinnimmt. Wenn eine ungerechte Situation wie im Falle der Apartheid eine entschiedene Reaktion erfordert, heißt Mitgefühl nicht, dass wir die Ungerechtigkeit akzeptieren, sondern dass wir uns dagegen zur Wehr setzen. Es heißt aber auch, dass das Sichwehren gewaltlos vonstattengehen sollte, wobei Gewaltlosigkeit kein Zeichen von Schwäche ist, sondern Selbstbewusstsein und Mut voraussetzt. Im Streit verlieren Menschen im Allgemeinen dann die Geduld, werden laut und manchmal sogar handgreiflich, wenn ihnen die Argumente ausgehen. Wenn eine der streitenden Parteien jedoch davon überzeugt ist, die Wahrheit auf ihrer Seite zu haben, so bewahrt sie meist Ruhe und fährt fort, ihre Sache mit Argumenten zu vertreten. Es ist also ein Zeichen der Stärke, wenn man Ruhe bewahrt und nicht aggressiv wird, weil sich in dieser Haltung die Sicherheit ausdrückt, die man empfindet, wenn man Wahrheit und Gerechtigkeit auf seiner Seite weiß.

Die Notwendigkeit, sich gegen Ungerechtigkeit zu wehren, und gleichzeitig dem Missetäter gegenüber eine mitfühlende Haltung einzunehmen, lässt sich an einem persönlichen Beispiel verdeutlichen. Stellen Sie sich vor, Sie haben schwierige

Nachbarn, die sich Ihnen gegenüber immer wieder aggressiv verhalten. Was wäre in diesem Fall eine angemessene, von Mitgefühl getragene Reaktion? Meiner Auffassung nach gibt es keinen Grund, warum uns Mitgefühl, natürlich auch gegenüber den Aggressoren, daran hindern sollte, mit Entschiedenheit zu reagieren. Tut man dies nicht und macht es den Aggressoren damit möglich, ihr destruktives Verhalten fortzusetzen, so trägt man unter Umständen sogar einen Teil der Verantwortung für das Unheil, das sie anrichten. Setzt man einem solchen Verhalten nichts entgegen, so ermutigt man diese unglücklichen Menschen im Grunde noch und bewirkt damit höchstwahrscheinlich, dass sie ein noch destruktiveres Verhalten an den Tag legen und anderen und auf lange Sicht auch sich selbst noch mehr Schaden zufügen. Man kann die Einstellung eines Menschen jedoch nicht durch Zorn oder Hass ändern, sondern nur durch Anteilnahme. Mit körperlicher Gewalt kann man nur das physische Verhalten eines Menschen, nicht aber sein Denken und Fühlen verändern.

Eine Geschichte aus dem Süden Tibets handelt von einem Mann, der zu einem Freund sagt: »Soundso hat mich einmal geschlagen, und ich habe stillgehalten; er hat mich ein zweites Mal geschlagen, und ich habe stillgehalten; er hat mich ein drittes Mal geschlagen, und ich habe stillgehalten; er hat mich immer weiter geschlagen, und ich habe immer noch stillgehalten.« Dieses Beispiel macht deutlich, was Mitgefühl nicht ist. Hier zeigt sich Schwäche, und das ist der falsche Weg. Was angesichts von Ungerechtigkeit gebraucht wird, ist ein starkes Mitgefühl!

GERECHTIGKEIT IM WEITEREN UND ENGEREN SINNE

Es besteht also kein Gegensatz zwischen richtig verstandenem Mitgefühl und praktisch ausgeübter Gerechtigkeit. In diesem Zusammenhang muss jedoch unterschieden werden zwischen dem allgemeinen Prinzip der Gerechtigkeit – als universeller Richtschnur für ein faires Miteinander und Wiedergutmachung, basierend auf dem Grundsatz, dass alle Menschen gleich sind – und dem engeren Verständnis von Gerechtigkeit als Anwendung des Rechts im Rahmen eines gegebenen Gesetzeswerks. Im Idealfall würde sich stets das eine im anderen widerspiegeln, aber bedauerlicherweise trifft dies nicht immer zu. Denken wir beispielsweise an Südafrika unter der Apartheidregierung, so wird klar, dass sich ein Justizsystem über den Grundsatz der Gleichheit aller Menschen hinwegsetzen und stattdessen die Interessen eines bestimmten Teils der Gesellschaft vertreten kann. In dieser Zeit konnte jemand, der keine weiße Hautfarbe hatte, bestraft werden, wenn er auch nur geringfügig gegen die Interessen der herrschenden Minderheit verstieß. Ähnliche Zustände herrschten in Indien während der Kolonialzeit. Und überall, wo bestimmte Gruppen und Minderheiten von anderen unterdrückt werden, ist es noch heute so. Solche Justizsysteme spiegeln eindeutig einen sehr begrenzten Begriff von Gerechtigkeit wider.

Ein anderes Beispiel wäre eine Situation, in der die Rechte einer religiösen Gemeinde oder einer politischen Gruppierung durch eine andere beschnitten werden. Wenn der nationalen Einheit und der gesellschaftlichen Ordnung im Rechtssystem eines Landes die höchste Priorität eingeräumt wird und jede Handlung, die in den Augen der Autoritäten gegen diese Werte verstößt, als Straftat gewertet wird, dann steht dieses Rechtssystem nicht für wahre Gerechtigkeit. Das belegt der lange Hausarrest von Aung San Suu Kyi nach ihrem Wahlsieg in Birma ebenso wie beispielsweise die Verhaftung des Friedensnobelpreisträgers Liu Xiaobo in China 2009. Wenn solche Rechtsverstöße kritisiert werden, verteidigen sich die betreffenden Regierungen mit der Behauptung, alles sei im Einklang mit den geltenden Gesetzen geschehen. Wenn sich die geltenden Gesetze aber nur an den Interessen bestimmter Gruppen orientieren, genügen sie nicht dem elementaren Grundsatz der Gerechtigkeit auf der Basis der Gleichheit aller Menschen. Ein Gesetz, das wirklich der Gerechtigkeit dient, muss die allgemeinen Menschenrechte schützen.

DIE ROLLE DER BESTRAFUNG

Die meisten von uns erkennen das Recht als universelles Prinzip der Gerechtigkeit auf der Basis der grundsätzlichen Gleichheit aller Menschen an – sei es die Gleichheit vor Gott, die Gleichheit im Sinne unseres elementaren Strebens nach Glück und des Wunsches, Leid von uns fernzuhalten, oder aber die Gleichheit als Bürger vor dem Gesetz. Weniger Übereinstimmung scheint dagegen hinsichtlich des juristischen Umgangs mit Verbrechen und Bestrafung zu bestehen. Beispielsweise gehen die Meinungen über Themen wie Todesstrafe und Sinn und Zweck von Bestrafung auseinander. Manch einer ist der Meinung, dass bestimmte Verbrechen so verabscheuungswürdig sind, dass man gegenüber den Tätern keine Gnade walten lassen sollte.

In allen großen Religionen gibt es eine Vorstellung der Wiedergutmachung von begangenem Unrecht oder der Wiederherstellung des Gleichgewichts in einem oder in mehreren künftigen Leben. Im Theismus ist dies der Glaube an ein göttliches Gericht. In der traditionellen buddhistischen Lehre sorgt das Gesetz des Karma dafür, dass der Einzelne irgendwann die Früchte seines Handelns erntet. Nach beiden Traditionen ist es den Menschen erlaubt, in weltlichen Dingen Gnade walten zu lassen. Von einem säkularen Standpunkt aus, also ohne den Glauben an Strafen oder Belohnungen in einem späteren Leben, müssen wir uns fragen, worum es bei einer Bestrafung eigentlich wirklich geht. Geht es um Vergeltung und Rache als Selbstzweck – darum, dass Übeltäter leiden sollen? Oder geht es eher darum vorzubeugen und weiteres Unrecht zu verhindern? Ersteres, das Leid des Bestraften als eigentlichen Zweck der Bestrafung, halte ich für falsch. Vielmehr sollte das Leid, das mit der Bestrafung einhergeht, einem höheren Zweck dienen: Es sollte den Täter dazu bringen, das Unrecht, für das er bestraft wird, nicht noch einmal zu begehen, und es sollte andere von ähnlichen Straftaten abhalten. Beim Bestrafen geht es daher nicht um Vergeltung, sondern um Abschreckung.

Natürlich müssen Gerichte über die Mittel zur Bestrafung verfügen. Wenn Verbrechen wie Mord oder schwere Körperverletzung nicht bestraft würden, wäre das wie ein Eingeständnis, dass die negativsten Kräfte des Menschen irgendwie akzeptabel seien, und das wäre in niemandes Interesse, auch nicht in dem der Täter selbst. Strafe spielt eine wichtige und unverzichtbare Rolle in der Regelung des Umgangs der Menschen miteinander; zum einen als Mittel der Abschreckung, zum anderen, um den Menschen ein Gefühl der Sicherheit und des Vertrauens in die Gesetze zu geben.

Würde Bestrafung aber nur als Mittel der Abschreckung dienen, so könnte man dafür eintreten, selbst geringere Vergehen schwer zu bestrafen, um die größtmögliche Wirkung zu erzielen. Das mag zwar eine Möglichkeit sein, die Kriminalitätsrate niedrig zu halten, aber ich würde ein solches Vorgehen nicht gutheißen. Es kann nicht gerecht sein, einen Menschen wegen eines geringfügigen Vergehens mit einer schweren Strafe zu belegen. Vielmehr muss eine gewisse Verhältnismäßigkeit gewahrt bleiben: Je schwerer das Vergehen, umso schwerer die Bestrafung.

Doch das wirft die Frage nach den Grenzen der Bestrafung auf. In diesem Punkt ist die Erkenntnis wichtig, dass alle Menschen fähig sind, sich zu ändern. Aus diesem Grund lehne ich die Todesstrafe ab und habe die von Amnesty International durchgeführte Kampagne zu deren Abschaffung viele Jahre lang unterstützt. Dabei geht es mir nicht um Nachsicht oder Milde. Aber es kann in meinen Augen nicht richtig sein, einem Menschen, gleichgültig, was er getan hat, zur Vergeltung das Leben zu nehmen, weil man ihm damit auch die Möglichkeit nimmt, sich zu ändern. Eine Gesellschaft ist meiner Ansicht nach besser beraten, wenn sie diese Möglichkeit offenlässt.

Heftige Vergeltung – beispielsweise in Form aggressiver Gegenwehr bei einem Angriff – ist, soviel ich weiß, tief in den Instinkten des Menschen verankert. Darin unterscheiden wir uns nicht wesentlich von anderen Tieren, die, wenn sie angegriffen werden, manchmal sogar einen Kampf auf Leben und Tod nicht scheuen. Das Bedürfnis, Rache zu üben, scheint dagegen ein typisch menschlicher Wesenszug zu sein, der mit unserem Erinnerungsvermögen in Zusammenhang steht. In archaischen Gemeinschaften war Rache vielleicht eine zum Überleben notwendige Voraussetzung. Doch als sich die menschliche Gesellschaft weiter entwickelte, fing man an, die negativen Folgen der Rache und den Wert der Versöhnlichkeit zu erkennen. Das kennzeichnet meiner Ansicht nach eine wirklich zivilisierte Gesellschaft.

Ich glaube daher, dass es falsch ist und niemandem nützt, wenn wir unserem Aggressions-Instinkt nachgeben und Rache üben. Denn die einzige sichere Folge rachsüchtigen Verhaltens besteht darin, dass es den Boden für weitere Konflikte bereitet. Es schürt Zwietracht und beschwört damit die Gefahr einer sich immer schneller drehenden Spirale von Gewalt und Vergeltung herauf, die nur angehalten werden kann, wenn der Rachegedanke selbst verworfen wird. Wenn wir unserem Wunsch nach Rache nachgeben, erzeugen wir eine Atmosphäre der Angst, der Ablehnung und des Hasses. Wenn wir dagegen zur Versöhnung bereit sind, geben wir dem Frieden eine Chance. Daher hat Rache meiner Auffassung nach in der Rechtsausübung nichts zu suchen. Schon die Vorstellung ist überholt. Denn durch Rache wird die Gesellschaft geschwächt, durch Versöhnung hingegen wird sie gestärkt.

Das hat sich in beeindruckender Weise gezeigt, als das Apartheidsystem in Südafrika überwunden war. Unter der umsichtigen Führung Nelson Mandelas bewies der Afrikanische Nationalkongress innere Größe und sorgte dafür, dass so gut wie keine Racheakte gegen die weiße Minderheit verübt wurden. Hätten die politischen Führer dagegen darauf beharrt, den Blick in die Vergangenheit zu richten und Ressentiments zu schüren, so hätte dies in eine Tragödie münden können. So aber setzte die Regierung die Wahrheits- und Versöhnungskommission ein, die von meinem alten Freund und geistlichen Kollegen Erzbischof Desmond Tutu geleitet wurde. Dessen moralischem Vorbild folgend, arbeitete die Kommission nach dem Prinzip, dass es eine heilende und befreiende Wirkung für die Opfer, aber auch für die Täter hat, wenn diejenigen, die schwere Verbrechen und sogar Gräueltaten begangen haben, die Wahrheit über das Geschehene sagen.

Heute, mehr als zehn Jahre nach der Auflösung der Kommission, haben durch die Arbeit, die sie geleistet hat, sehr viele Menschen auf der Opfer- wie auch auf der Täterseite ihren inneren Frieden finden und mit der Vergangenheit abschließen können. Ich hatte die große Ehre, Nelson Mandela kurz nach der Befreiung Südafrikas aus der Apartheid kennenzulernen, und war tief beeindruckt von der würdevollen Art des Präsidenten, aber auch von der Tatsache, dass er offenbar keinerlei Groll gegen diejenigen hegte, die für seine jahrzehntelange Inhaftierung verantwortlich waren.

Für mich besteht kein Zweifel daran, dass sich Rechtsprechung und Mitgefühl nicht etwa gegenseitig ausschließen, sondern dass vielmehr Erstere von Letzterer durchdrungen sein sollte. Ich werde nie die Erklärung vergessen, die der schottische Justizminister abgegeben hat, als er die schwere Entscheidung treffen musste, den verurteilten Attentäter des Lockerbie-Anschlags vorzeitig aus der Haft zu entlassen. Die Menschen in seinem Land, sagte er, »sehnen sich nach Gerechtigkeit, und sie wollen, dass die Gerechtigkeit durch Mitgefühl und Erbarmen gemildert« werde. Mir ist klar, dass seine Entscheidung bei einigen Familien der Opfer auf Unverständnis und Wut gestoßen ist. Dennoch bin ich der Meinung, dass der Minister in seiner Erklärung die richtigen Worte gefunden hat. Wenn es um Gerechtigkeit geht, dürfen Mitgefühl und Erbarmen nicht beiseitegeschoben werden.

ZWISCHEN TAT UND TÄTER UNTERSCHEIDEN

Wenn es um Mitgefühl als Grundlage der Rechtsprechung geht, ist es wichtig, darauf hinzuweisen, dass es sich nicht auf die *Tat*, sondern auf den *Täter* richtet. Mitgefühl setzt voraus, dass wir unrechte Taten verurteilen und uns mit allen zu Gebote stehenden Mitteln dagegen wehren, gleichzeitig aber denjenigen, die diese Taten begangen haben, verzeihen und ihnen mit Freundlichkeit und Güte begegnen. So wie im Theismus Gott das Sündigen verbietet, aber den Sünder liebt, sollten wir das Unrecht entschieden bekämpfen, jedoch dem, der es begangen hat, Anteilnahme entgegenbringen. So zu handeln ist richtig, weil, um es noch einmal zu sagen, jeder Mensch fähig ist, sich zu ändern. Das wissen wir vermutlich alle aus eigener Erfahrung. Es kommt schließlich nicht selten vor, dass aus einem Menschen, der in seiner Jugend ein rücksichtsloses Leben geführt hat, später mit zunehmender Reife ein verantwortungsvoller und fürsorglicher Erwachsener wird. Auch die Geschichte kennt viele Beispiele von Menschen, die in ihren jungen Jahren moralisch verwerfliche Taten begangen, später jedoch viel Gutes für andere getan haben. Man denke nur an den altindischen Kaiser Ashoka oder an Paulus von Tarsus.

Selbst Menschen, die Furchtbares getan haben, besitzen das Potenzial, sich zu ändern. In dieser Überzeugung wurde ich durch Gespräche bestärkt, die ich über die Jahre mit Häftlingen und Sozialarbeitern in indischen und US-amerikanischen Gefängnissen geführt habe. Es ist eine traurige Wahrheit, dass, wie die Statistik zeigt, in vielen Ländern die Mehrheit der verurteilten Straftäter rückfällig wird. In einigen Ländern wurden mittlerweile Rehabilitationsprogramme eingeführt, die Straftätern eine Anleitung anbieten sollen, wie sie ihre Sicht der Welt durch mentales Training allmählich neu ausrichten und lernen können, zum Wohl anderer beizutragen, statt ihnen Schaden zuzufügen. Beispielsweise wurden auf Initiative von Kiran Bedi im indischen Hochsicherheitsgefängnis Tihar in Delhi Aufmerksamkeits-Meditationskurse für Häftlinge eingeführt. Ich bin zuversichtlich, dass sich das Programm mit der Zeit als wirksam erweisen wird und dass selbst die hoffnungslosesten Insassen lernen werden, durch die Anteilnahme am Leben anderer ein Gefühl für die Sinnhaftigkeit ihres eigenen Lebens zu entwickeln. Ich empfinde stets eine tiefe Ehrfurcht, wenn ich den Menschen begegne, die solche Programme durchführen, und die Gefangenen kennenlerne, die deren positive Wirkung an sich selbst erfahren haben.

Lassen Sie es mich mit einfachen Worten zusammenfassen: Wir dürfen nie vergessen, dass auch ein Verbrecher ein Mensch wie wir selbst ist und darum die Fähigkeit besitzt, sich zu ändern. Wir sollten denjenigen, der Unrecht tut, der Schwere seines Vergehens entsprechend bestrafen, uns dabei aber nicht von dem Wunsch nach Rache leiten lassen. Vielmehr sollten wir an die Zukunft denken und überlegen, wie wir verhindern können, dass ein solches Verbrechen noch einmal geschieht.

ALTRUISTISCHE STRAFE

Vor kurzem habe ich in Zürich an einer Tagung zum Thema Altruismus und Mitgefühl in der Wirtschaft teilgenommen. Der österreichische Wirtschaftswissenschaftler Professor Ernst Fehr stellte in seinem Vortrag ein interessantes Konzept vor, das er als »altruistische Strafe« bezeichnet.

Er erklärte seine Theorie anhand eines Spiels, bei dem es um

Vertrauen geht. Es wird von jeweils zehn Spielern in mehreren Runden gespielt. Am Anfang erhält jeder Mitspieler den gleichen Geldbetrag. Nun werden die Spieler aufgefordert, einen Teil des Geldes in einen gemeinsamen Topf zu geben. Nach jedem Spiel, so wird den Teilnehmern erklärt, wird der Inhalt des Topfes verdoppelt und gleichmäßig unter den Mitspielern verteilt. In den ersten Runden sind die meisten Spieler relativ großzügig und legen in der Überzeugung, dass die anderen das Gleiche tun werden, größere Summen in den gemeinsamen Topf. Darin offenbart sich meiner Ansicht nach die optimistische Seite des menschlichen Wesens. Unweigerlich gibt es jedoch ein paar Leute, die sich zurückhalten und gar nichts beitragen. Den monetären Gesetzen folgend, sehen sie, dass sie am meisten gewinnen, wenn sie ihren Anteil von dem, was die anderen geben, nehmen, ohne etwas von ihrem eigenen Geld einzubringen. Solche Menschen werden in der Wirtschaft als »Trittbrettfahrer« bezeichnet. Ihr Verhalten bewirkt, dass sich die anderen nach einer gewissen Zeit ausgenutzt fühlen und anfangen, ihrerseits immer weniger in den gemeinsamen Topf zu geben, bis, meist ungefähr in der zehnten Runde, der Punkt erreicht ist, an dem keiner mehr bereit ist, einen Beitrag zu leisten, obwohl das Angebot, das gegebene Geld zu verdoppeln, nach wie vor besteht. In diesem Moment bricht das ganze System zusammen.

Jetzt wird das Instrument der altruistischen Strafe eingeführt, das den Mitspielern die Möglichkeit gibt, die Trittbrettfahrer zu bestrafen. Indem sie etwas von ihrem eigenen Geld in einen nicht rückzahlbaren Bestrafungsfonds legen, können sie Letztere zwingen, das Doppelte dieser Summe zu bezahlen. Wenn also ein Mitspieler drei Dollar in den Bestrafungsfonds einzahlt, muss der Trittbrettfahrer sechs Dollar bezahlen. Es hat sich erwiesen, dass die Kooperation zwischen den Spielern praktisch unendlich lange aufrechterhalten werden kann, sobald dieses System der Bestrafung erst einmal eingeführt ist. Es hindert potenzielle Trittbrettfahrer daran, andere zu übervorteilen, und sorgt dafür, dass die Mitspieler weiterhin in den gemeinsamen Topf einzahlen, was für alle Beteiligten von Vorteil ist.

Das Experiment ist zwar ursprünglich zu dem Zweck entwickelt worden, eine wirtschaftswissenschaftliche Theorie zu überprüfen, aber ich glaube, dass es auch eine allgemeingültige Botschaft enthält. Es zeigt uns nämlich, dass es Formen der Bestrafung gibt, von der alle, auch der Bestrafte selbst, profitieren können. Und es untermauert die Behauptung, dass eine Strafe, die nicht mit Rachegedanken verbunden ist, sondern darauf abzielt, dass ein Straftäter sein Verhalten ändert, im Interesse aller ist.

VERSÖHNLICHKEIT

Verzeihen können gehört wesentlich zu einer mitfühlenden Haltung, aber es ist eine Tugend, die oft missverstanden wird. Fangen wir damit an, dass Vergeben nicht gleich Vergessen ist. Denn wenn wir ein begangenes Unrecht vergessen, haben wir schließlich nichts mehr, das wir vergeben könnten. Vielmehr sollten wir meiner Überzeugung nach eine Form des Umgangs mit menschlichen Missetaten finden, die uns inneren Frieden gibt und gleichzeitig verhindert, dass wir uns destruktiven Impulsen wie dem Wunsch nach Rache hingeben. Auf die Frage, wie wir dies bewerkstelligen können, gehe ich später ausführlicher ein, aber eines gehört in jedem Fall dazu: Wir müssen das Getane akzeptieren. Sowohl auf der persönlichen als auch auf der gesellschaftlichen Ebene müssen wir uns eingestehen, dass wir keinen Einfluss auf die Vergangenheit haben. Worauf wir allerdings Einfluss haben, ist die Art, wie wir auf das Unrecht, das in der Vergangenheit geschehen ist, reagieren.

Es ist, wie gesagt, von größter Bedeutung, dass wir zwischen dem Täter und der Tat unterscheiden. Manchmal ist das äußerst schwer. Wenn wir selbst oder Menschen, die uns sehr nahestehen, Opfer eines schweren Verbrechens wurden, kann es schwierig sein, keinen Hass auf den Täter zu empfinden. Und doch wird uns, wenn wir eingehender darüber nachdenken, klar, dass wir jeden Tag zwischen schlimmen Taten und denen, die sie begehen, unterscheiden, nämlich dann, wenn es sich um unser eigenes Verhalten und unsere eigenen Vergehen handelt. Wenn wir wütend oder gereizt sind, verhalten wir uns den uns am Herzen liegenden und anderen Menschen gegenüber manchmal grob oder aggressiv. Später tut es uns vielleicht leid, aber wenn wir unseren Wutausbruch rückblickend betrachten, unterscheiden wir unweigerlich zwischen dem, was wir *getan* haben, und der Person, die wir *sind*. Wir verzeihen uns selbstverständlich und nehmen uns vielleicht vor, so etwas nicht noch einmal zu tun.

Wenn es uns nun aber so leicht fällt, uns selbst zu vergeben, dann ist es sicher nicht zu viel von uns verlangt, diese Zuvorkommenheit auch anderen zuteil werden zu lassen. Natürlich ist nicht jeder fähig, sich selbst zu verzeihen, und das kann sich als Hindernis erweisen. Für diese Menschen ist es möglicherweise wichtig, sich in Mitgefühl und Versöhnlichkeit sich selbst gegenüber zu üben und damit die Grundlage dafür zu schaffen, dass sie sich auch anderen gegenüber mitfühlend und versöhnlich verhalten können.

Wenn wir anderen verzeihen können, wirkt sich dies – auch

das ist eine Tatsache, an die wir denken sollten – ungemein befreiend auf uns selbst aus. Wenn wir nachtragend sind und nicht aufhören, über das nachzugrübeln, was ein anderer uns angetan hat, neigen wir unweigerlich dazu, wütend und nachtragend zu werden. Aber das Festklammern an schmerzlichen Erinnerungen und feindseligen Gedanken trägt weder zur Wiedergutmachung des begangenen Unrechts bei noch tun wir uns selbst einen Gefallen damit. Es zerstört unseren inneren Frieden, wir können nicht mehr ruhig schlafen, und wahrscheinlich leidet am Ende sogar unsere körperliche Gesundheit darunter. Wenn wir es dagegen schaffen, unsere feindseligen Gefühle zu überwinden und den Übeltätern zu verzeihen, spüren wir die positiven Auswirkungen sofort. Indem wir das Vergangene vergangen sein lassen und uns wieder für das Wohl derer interessieren, die uns Unrecht getan haben, gewinnen wir ein überwältigendes Gefühl innerer Sicherheit und Freiheit, und in dem Maße, in dem sich die negativen Gedanken und Empfindungen verflüchtigen, können wir uns wieder der Gegenwart und der Zukunft zuwenden.

Die Kraft der Vergebung personifiziert für mich auf eindrucksvolle Weise ein Mann, der mein persönlicher Held ist: Richard Moore. 1972 verlor Richard im zarten Alter von zehn Jahren durch das Gummigeschoss eines britischen Soldaten in Nordirland für immer sein Augenlicht. Das Unglück hätte aus dem Jungen einen zornigen und verbitterten Menschen machen können. Doch Richard hegte keinen Groll, sondern widmete sein Leben stattdessen einer guten Sache, nämlich dem Schutz von Kindern in den Krisengebieten dieser Welt. Er setzte sich sogar in den Kopf, den Mann, der ihm das Augenlicht genommen hatte, ausfindig zu machen, um ihm zu sagen, dass er ihm verziehen habe. Die beiden sind inzwischen Freunde geworden.

Was für ein wunderbares Beispiel für die Kraft des Mitgefühls und der Vergebung!

Obwohl wir Tibeter als Volk großes Leid erfahren haben, bemühen wir uns dennoch, keine feindseligen und rachsüchtigen Gefühle zuzulassen. Selbst gegenüber den kommunistischen Soldaten Chinas, die für viele Gräueltaten an Tibetern verantwortlich sind, versuchen wir uns Mitgefühl zu bewahren. Manchmal führt das zu unerwarteten Ergebnissen. Kürzlich lernte ich beispielsweise den Sohn eines Chinesen kennen, der als Kavallerieoffizier der Volksbefreiungsarmee Ende der 1950er Jahre an der Verfolgung von Tibetern teilgenommen hat. Nun schickte mir dieser Mann auf seine alten Tage durch seinen Sohn eine Botschaft, in der er sein Bedauern für seine Taten ausdrückte und um Verzeihung bat. Es war ein ausgesprochen bewegender Moment. Hätte ich hingegen Hass in mir gehegt, so wäre dieser durch das Erlebnis vermutlich nur verstärkt worden. Indem wir nicht beim Unrecht vergangener Tage verweilen und stattdessen versuchen, unseren chinesischen Brüdern und Schwestern Mitgefühl entgegenzubringen, vermeiden wir Tibeter es, in der Vergangenheit gefangen zu bleiben, und wir können uns so ein Gefühl der Freiheit bewahren. Das bedeutet jedoch nicht, dass wir uns gegen die Ungerechtigkeiten, mit denen wir konfrontiert sind, nicht mit aller Entschiedenheit zur Wehr setzen.

Ich erwidere also denjenigen, die darauf bestehen, dass nicht Mitgefühl, sondern Gerechtigkeit die Grundlage jedes ethischen Systems bilden soll, dass es in der Realität keinen Gegensatz zwischen dem Prinzip der Gerechtigkeit einerseits und praktiziertem Mitgefühl und Versöhnlichkeit andererseits gibt. Vielmehr gründet sich meiner Überzeugung nach der Gedanke der Gerechtigkeit selbst auf Mitgefühl.

REICHWEITE DER ETHIK

Abschließend lohnt es sich, einen kurzen Blick auf die Reichweite der Ethik zu werfen. Wenn man Ethik nur als Instrument zur Wahrung der gesellschaftlichen Ordnung betrachtet, dann deckt sie lediglich die Aspekte des nach außen gerichteten menschlichen Verhaltens ab, die einen direkten und feststellbaren Einfluss auf andere haben. Und wenn sie sich nur auf den Einfluss unseres Handelns auf andere bezieht – genau genommen auf die *Folgen* unseres Handelns –, dann sind sämtliche Gefühle und Absichten, die wir im Herzen tragen mögen, in ethischer Hinsicht gleichgültig oder bedeutungslos. Dieses Verständnis von Ethik ist mir viel zu eng gefasst.

Der Grundgedanke der Ethik selbst ergibt keinen Sinn, wenn man die Motivation außer Acht lässt. Wenn wir uns den Kopf an einem Baum stoßen, geben wir dem Baum dann die Schuld? Natürlich nicht! Moralische Verantwortung setzt das Vorhandensein eines inneren Handlungsantriebs voraus. Daher erscheint mir eine Beschreibung der Ethik ohne Bezugnahme auf die Ebene der Motivation höchst unvollständig.

Tatsächlich ist die Dimension der inneren Motivation der wichtigste Aspekt der Ethik. Denn wenn unsere Motivation ehrlich und wahrhaftig auf das Wohl anderer gerichtet ist, wird unser Handeln naturgemäß moralisch einwandfrei ausgerichtet sein. Darum sehe ich im Mitgefühl das Kernprinzip, auf das sich ein umfassender ethischer Ansatz stützen kann. Es ist die mitfühlende Sorge um das Wohl anderer, aus der alle unsere ethischen Werte und Prinzipien, auch die der Gerechtigkeit, entspringen.

6 DIE ROLLE DES URTEILSVERMÖGENS

Bisher habe ich unterstrichen, welche Bedeutung dem Mitgefühl – der ehrlichen Sorge um das Wohl anderer – als Grundlage einer ethischen Einstellung und des spirituellen Wohls sowie als Basis für das Verständnis von Gerechtigkeit zukommt. Indem wir unser gemeinsames Menschsein und unsere biologische Natur als Lebewesen, deren Glück von anderen abhängt, anerkennen, lernen wir, unser Herz zu öffnen. Und indem wir unser Herz öffnen, gewinnen wir ein Gefühl der Sinnhaftigkeit im Leben und der Verbundenheit mit unseren Mitmenschen. Ein umfassendes, unvoreingenommenes Mitgefühl ist, auch darauf habe ich hingewiesen, der Boden, aus dem alle inneren Werte – Geduld, Güte, Versöhnlichkeit, Selbstdisziplin, Zufriedenheit und so weiter – erwachsen.

Doch auch wenn eine gesunde mitfühlende Einstellung als Handlungsmotivation die Grundlage einer ethischen und spirituellen Praxis bildet, ist ein weiterer Faktor von entscheidender Bedeutung, wenn wir cin ausgewogenes, wirklich umfassendes ethisches System anstreben. Während die Absicht die erste und wichtigste Gewähr dafür ist, dass wir uns wirklich ethisch verhalten, so müssen wir doch auch *Einsicht* besitzen, wenn wir sichergehen wollen, dass die Entscheidungen, die wir treffen, realistisch sind und dass unsere guten Absichten nicht ins Leere laufen.

Wenn beispielsweise Politiker ihr Land in einen Krieg führen, ohne die möglichen Folgen in aller Gründlichkeit zu durchdenken, dann ist das Ergebnis vermutlich katastrophal, selbst wenn ihre Beweggründe von ehrlichem Mitgefühl getragen waren. Zu den guten Absichten muss also hinzukommen, dass wir von unserem kritischen Verstand Gebrauch machen, von unserem Urteilsvermögen. Dadurch, dass wir unser Urteilsvermögen einsetzen, das es uns ermöglicht, Situationen realistisch einzuschätzen, können wir dafür sorgen, dass unsere guten Absichten auch zu guten Ergebnissen führen.

Auch bei der Entwicklung unseres persönlichen ethischen Bewusstheitsgrades spielt das Urteilsvermögen eine entscheidende Rolle. Über den Einsatz unseres Verstandes gewinnen wir Verständnis, und Verständnis ist die Grundlage der Bewusstheit. Ethische Bewusstheit – das Bewusstsein dafür, was uns und anderen nützt – entsteht also nicht wie durch Zauberei, sondern es stellt sich ein, wenn wir unseren Verstand gebrauchen. Insofern unterscheidet sich eine Ausbildung in ethischer Bewusstheit nicht von irgendeiner anderen Art von Bildung.

INNERE WERTE SCHAFFEN

Jede von uns begangene Handlung hat Folgen, und diese wirken sich sowohl auf uns selbst als auch auf andere aus. Da wir im Alltag ständig gefordert sind, kleine Entscheidungen zu treffen, die diese ethische Dimension haben, ist es hilfreich, wenn es ethische Grundregeln oder Richtlinien gibt, an die wir uns halten können. Selbst bei der Entscheidung, welche Produkte wir kaufen oder was wir essen, spielt ein ethisches Urteilsvermögen eine Rolle. Wenn wir solche Entscheidungen treffen, können wir im Allgemeinen nicht jedes Mal sämtliche verfügbaren Wahlmöglichkeiten gegeneinander abwägen und uns alle möglichen Folgen durch den Kopf gehen lassen. Wenn wir über jede einzelne ethische Entscheidung gründlich nachdächten, würde uns vermutlich nicht mehr viel Zeit für andere Dinge bleiben. Für diese Fälle, in denen uns die Zeit, Entscheidungen bis ins Kleinste abzuwägen, fehlt, ist es gut, allgemeine Regeln verinnerlicht zu haben, an denen wir unser Handeln orientieren können.

Die großen Weltreligionen bieten eine Fülle solcher Leitlinien, und wenn sie sich einem Menschen von klein auf einprägen, werden sie zum Bestandteil seines inneren Wertesystems. In der traditionellen tibetischen Gesellschaft beispielsweise war das buddhistische Prinzip, Tieren kein Leid zuzufügen, ein Wert, der den Menschen durch ihr kulturelles Umfeld vermittelt wurde. Schon ganz kleinen Kindern wurde gesagt, dass sie nicht einmal Insekten töten dürften, und diese Einstellung verinnerlichten die Kinder und vermieden es automatisch, Tieren Leid zuzufügen. Wenn sie einmal aus Versehen auf ein Insekt traten, pflegten sie zu sagen: »*Akha, nyingje*« (Ach, das arme Ding). In Tibet war es sogar gesetzlich verboten zu jagen und zu fischen. Ausgenommen von dem Verbot waren lediglich einige wenige Regionen, in denen Jagd und Fischfang die Lebensgrundlage der Menschen bildeten. Es gab auch Gesetze zum Schutz bestimmter Wildtiere, beispielsweise der Vögel, die rund um den Manasarovar und andere Seen brüten. Wildhüter wachten darüber, dass sie an ihren Nistplätzen nicht gestört wurden. Diese gesetzlichen Bestimmungen sind ein Beispiel dafür, wie ein kulturelles Umfeld dazu beitragen kann, die Wertvorstellungen von Menschen zu prägen.

In einer rein säkularen Umgebung haben die Menschen zwar auch Werte verinnerlicht, aber es ist nicht immer eindeutig klar, welche Werte das sind. Manche Taten wie Mord, Diebstahl,

Lügen, üble Nachrede oder sexueller Missbrauch – alles Formen von Gewalt – fügen anderen sichtlich Leid zu, sodass die meisten Menschen instinktiv wissen, dass sie mit einer ethischen Einstellung nicht zu vereinbaren sind. Aber in einer globalisierten Welt, in der die ethischen Leitlinien von einzelnen Religionen keine Allgemeingültigkeit haben können, reicht das nicht aus. Wir müssen unser Urteilsvermögen einsetzen, um zu erkennen, welchen Nutzen bestimmte Verhaltensweisen haben und welche negativen Folgen andere nach sich ziehen. So können wir ein verinnerlichtes Wertesystem entwickeln, das uns im täglichen Leben als Richtschnur dient.

Aus diesem Grund ist es wichtig, dass wir über unser Verhalten nachdenken und mit Hilfe unseres Urteilsvermögens bewerten, welche unserer Handlungen die negativsten und welche die positivsten Auswirkungen auf uns selbst und auf andere haben. So lernen wir allmählich zu erkennen, welche unserer Verhaltensweisen wir verändern und welche wir pflegen müssen.

Wenn wir beispielsweise mit Hilfe unseres Urteilsvermögens über die Folgen von Gewalt nachdenken, bilden wir allmählich ein klares Verständnis davon und die Erkenntnis aus, dass sie schädlich und sinnlos ist. Auf ähnliche Weise können wir, indem wir mit Hilfe unseres Urteilsvermögens über die Folgen von Geduld und Großzügigkeit nachdenken, deren positive Auswirkungen begreifen und dieses Verständnis pflegen, sodass es sich tief in unser Bewusstsein einprägt. Wenn das geschieht, werden wir feststellen, dass unser Verhalten automatisch stärker am Wohl der anderen ausgerichtet ist. Diese Art des mentalen Trainings ist ein Thema, auf das ich im zweiten Teil dieses Buches noch näher eingehen werde.

DER UMGANG MIT ZWICKMÜHLEN

Verinnerlichte Werte sind zwar als Leitlinie für ein ethisches Leben unverzichtbar, aber bedauerlicherweise gibt es Situationen, in denen solche allgemeinen Grundsätze nicht anwendbar sind. Es können besondere Umstände eintreten, die uns zwingen, zwischen mehreren uns wichtigen Prinzipen zu wählen. In solchen Fällen ist es von entscheidender Bedeutung, dass wir unser Urteilsvermögen im Dienste des mitfühlenden Handelns einsetzen. Denn nur, wenn wir die möglichen Folgen und das Für und Wider verschiedener Handlungsweisen bedenken, können wir eine ausgewogene Entscheidung darüber treffen, welche Handlungsweise am förderlichsten ist.

Wenn ich eine schwierige Entscheidung treffen muss, fange ich immer damit an, dass ich meine Motivation überprüfe. Liegt mir das Wohl anderer wirklich am Herzen? Stehe ich unter dem Einfluss negativer Gefühle wie Wut, Ungeduld oder Feindseligkeit? Komme ich zu dem Schluss, dass meine Motivation rein und aufrichtig ist, betrachte ich als Nächstes die Situation in ihrem Gesamtzusammenhang. Welches sind die Ursachen und Umstände, die zu ihrem Entstehen geführt haben? Welche Wahlmöglichkeiten habe ich? Welches sind die möglichen Ergebnisse? Und welche Handlungsweise wird, wenn man alles gegeneinander abwägt, auf lange Sicht den größtmöglichen Nutzen für andere haben? Entscheidungen, die auf diese Weise getroffen werden, muss man meiner Erfahrung nach später nie bereuen.

Ich ermuntere Sie, meine Leser, ein persönliches Wertesystem zu verinnerlichen, doch es wäre unrealistisch anzunehmen, dass sich allein auf der Grundlage von Regeln und Richtlinien über Fragen der Ethik entscheiden lässt. Ethische Fragen lassen sich oft nicht nach Schwarz-weiß-Kategorien beantworten. Wenn wir überprüft haben, ob wir uns in unserem Tun von der Sorge um das Wohl der Menschheit leiten lassen, müssen wir das Für und Wider der Wege, die uns offenstehen, abwägen und uns dann von einem natürlichen Verantwortungsgefühl leiten lassen. Damit ist im Wesentlichen beschrieben, was es heißt, weise zu sein.

EINE GANZHEITLICHE PERSPEKTIVE EINNEHMEN

Ohne Urteilsvermögen ist es uns nicht möglich, ein realistisches Verständnis von der Welt, in der wir leben, zu entwickeln. Das Schlüsselprinzip, das wir in diesem Zusammenhang begreifen müssen, ist das der *gegenseitigen Abhängigkeit*. Diesem allgemeinen, aber grundlegenden Prinzip kann man sich auf verschiedenen Ebenen und in unterschiedlichen Kontexten nähern. Eine sorgfältige Auseinandersetzung damit lohnt sich.

Dass unser eigenes Wohlergehen und das der anderen voneinander abhängig sind, wurde bereits gesagt. Gegenseitige Abhängigkeit ist zugleich ein Merkmal unserer gesamten Welt, wie man in vielen Bereichen feststellen kann. Man denke nur an die gegenseitigen Abhängigkeiten innerhalb der globalen Finanzmärkte, der Weltwirtschaft, der Menschheit oder der Natur, hier etwa an die von den Biologen beschriebenen Nahrungsketten und Symbiosen. Und auf dem faszinierenden Gebiet der Quantenphysik haben sich vor dem Hintergrund der allgemeinen Relativitätstheorie und der Quantenverschränkung Theorien über die Entstehung des Universums herausgebildet, die von gegenseitigen Abhängigkeiten ausgehen. Wenn wir erkennen, wie viele Aspekte unserer Lebenswelt durch gegenseitige Abhängigkeiten und Wechselwirkungen gekennzeichnet sind, fällt es uns leichter, ein realistisches Verständnis von der Welt zu entwickeln – ein Verständnis, das mehr dem entspricht, wie die Dinge in Wirklichkeit sind.

Da sich jede Situation, mit der wir im Leben konfrontiert werden, aus dem Zusammentreffen vieler Faktoren zusammensetzt, ist es wichtig, einen weiten Blickwinkel einzunehmen, wenn unsere Reaktion darauf auf einer realistischen Einschätzung beruhen soll. Es reicht nicht, eine Situation oder ein Problem aus einer einzigen Perspektive zu betrachten. Wir müssen es uns vielmehr aus dieser und aus jener Richtung, also von allen Seiten, ansehen. Wir sollten, wie ich oft sage, eine Situation von vorne und von hinten anschauen, das sind zwei Dimensionen; von rechts und von links, dann haben wir vier Dimensionen; von unten und von oben, das ergibt sechs Dimensionen. Wenn wir das tun, wenn wir solch eine weitere oder ganzheitlichere Perspektive einnehmen, wird unsere Reaktion auf die Situation der Realität zweifellos stärker entsprechen. Und das erhöht die Wahrscheinlichkeit, dass wir unsere Ziele erreichen.

Wenn wir vor Probleme gestellt werden, neigen wir bedauerlicherweise dazu, diese aus einem zu engen Blickwinkel zu betrachten. Stellen Sie sich beispielsweise vor, Ihr Wagen springt nicht an. Es wäre sinnlos, jetzt wütend zu werden und immer weiter den Schlüssel zu drehen und zu versuchen, den Motor zu starten, bis die Batterie leer ist. Angemessener wäre es, einen Moment innezuhalten und zu überlegen, was die Ursache des Problems sein könnte. Ist vielleicht der Tank leer, oder könnte es etwas mit dem Regenwetter zu tun haben? Wenn man einfach einen Schritt zurücktritt und die Situation aus einem weiteren Blickwinkel betrachtet, kann man sich ruhiger mit dem

Problem befassen und dadurch natürlich auch die Chancen erhöhen, eine Lösung für das Problem zu finden.

Auch wenn uns ein Missgeschick widerfährt, führen wir dies gern auf eine einzige Ursache zurück und sind schnell dabei, anderen die Schuld dafür zu geben. Eine solche übertrieben emotionale Reaktion ist aber der realen Situation kaum angemessen. Was nützt es uns, auf den Fahrer zu schimpfen, wenn der Bus zu spät kommt? Sehr oft haben die Handlungen der einzelnen Personen nur einen geringen Einfluss darauf, welchen Gang die Ereignisse nehmen. Es ist immer der falsche Weg, auf Pech und Niederlagen mit Vorwürfen und Schuldzuweisungen – ob gegen uns selbst oder gegen andere gerichtet – zu reagieren, und häufig verschlimmern wir dadurch die Situation nur noch. Tatsache ist, dass alles, was uns passiert, die Folge zahlloser Ursachen und Umstände ist, von denen sich viele unserem Einfluss entziehen und einige vielleicht sogar für immer im Verborgenen bleiben.

Jemand, den ein wirkliches Unglück ereilt, indem er beispielsweise seine Arbeitsstelle verliert, ist unter Umständen vor Angst wie gelähmt und in den negativen Aspekten des Geschehenen verfangen, weil er denkt: »Jetzt kann ich meine Familie nicht mehr ernähren«, oder: »Ich Armer, ich werde nie wieder eine Stelle finden.« Eine solche Haltung birgt die Gefahr, dass wir uns zu sehr auf unsere unmittelbare Notlage konzentrieren und dadurch unfähig sind, etwas dagegen zu unternehmen. Wenn wir jedoch unser Urteilsvermögen einsetzen und einen Sachverhalt in einem größeren Zusammenhang und aus verschiedenen Perspektiven betrachten, hilft uns dies, Lösungen zu finden.

ZWANGSLÄUFIGE UNGEWISSHEIT

Natürlich ist das menschliche Urteilsvermögen immer unzureichend, sosehr wir uns auch bemühen mögen. Wenn wir nicht hellsichtig oder allwissend sind wie Buddha oder Gott, werden wir nie das gesamte Bild sehen, und wir werden nie alle Ursachen kennen, die zu einem Problem geführt haben. Auch können wir nicht alle Folgen unseres Handelns vorhersehen. Es wird immer ein Element der Ungewissheit geben. Wir müssen das akzeptieren, aber es sollte uns nicht beunruhigen. Und noch weniger sollte es uns am Wert der rationalen Abwägung zweifeln lassen. Vielmehr sollte es uns dazu bewegen, mit angemessener Bescheidenheit und Vorsicht zu handeln. Manchmal kann es sogar hilfreich sein zuzugeben, dass wir keine Antwort wissen. Wenn wir etwas nicht wissen, ist es besser, dies offen einzugestehen, als aus falschem Stolz und Eitelkeit Wissen vorzutäuschen.

Die Ungewissheit ist einer der Gründe, warum sich Ethik nicht allein auf die Abwägung der Folgen gründen kann, sondern ihre Basis auf der Motivationsebene haben muss. Denn die Folgen unseres Tuns entziehen sich, anders als unsere Motivation und der Einsatz unserer Kritikfähigkeit, oft unserem Einfluss. Wenn wir die beiden Letzteren miteinander verbinden, können wir sicher sein, dass wir unser Bestes tun.

DIE FRÜCHTE DES URTEILSVERMÖGENS

All die oben beschriebenen Anwendungen des Urteilsvermögens lassen uns ein Verständnis entwickeln, und durch das Nachdenken über dieses Verständnis gewinnen wir eine tiefere und beständigere Achtsamkeit. Wenn wir das Urteilsvermögen und die auf Mitgefühl gegründete Motivation miteinander verbinden, haben wir die beiden Schlüsselkomponenten eines ganzheitlichen Ansatzes für ein ethisches und spirituelles Wohlergehen in einem säkularen Rahmen. Und diese beiden Komponenten – Mitgefühl und Urteilsvermögen – bestärken sich gegenseitig. Mitgefühl schafft, indem es Angst und Misstrauen mindert, einen Raum in unserem Herzen und in unserem Geist, der ruhig und beständig ist, und dieser Raum erleichtert es uns erheblich, unser Urteilsvermögen oder unsere Intelligenz zu üben. Auf gleiche Weise kann das Üben unseres Urteilsvermögens unsere Überzeugung vom Nutzen und von der Notwendigkeit des Mitgefühls stärken. Urteilsvermögen und Mitgefühl ergänzen einander also auf tiefgreifende Weise.

7 ETHIK IN UNSERER GEMEINSAMEN WELT

UNSERE GLOBALEN HERAUSFORDERUNGEN

In meiner Residenz in Dharamsala, dem Bergort in Nordindien, der seit Anfang der 1960er Jahre meine Heimstatt ist, habe ich es mir zur Gewohnheit gemacht, früh aufzustehen, normalerweise gegen halb vier Uhr morgens. Nach einigen Stunden geistiger Übungen und Kontemplation höre ich mir im Allgemeinen die Nachrichten im Radio an. Meist stelle ich BBC World ein. Es ist eine Gewohnheit, der ich seit Jahren folge, um mit dem, was in aller Welt geschieht, in Verbindung zu bleiben.

Während ich dem steten Fluss der Informationen über Geld und Finanzen, über Gewalttaten, Konflikte und Kriege lausche, stelle ich häufig fest, dass die komplexen Probleme, die wir in der Welt haben – Korruption, Umweltzerstörung, Machtkämpfe und so weiter – fast immer ein Zeichen für das Versagen von Ethik und inneren Werten sind. Wir sehen einen Mangel an Selbstdisziplin auf allen Ebenen. Vielen Problemen liegen auch mangelndes Urteilsvermögen, Kurzsichtigkeit oder Engstirnigkeit zugrunde.

Natürlich gibt es Probleme, deren Ursachen und Hintergründe äußerst komplex sind. Die Saat, aus der beispielsweise Rassenunruhen, Aufstände und Kriege hervorgehen, wurde oft schon Jahrzehnte oder gar Jahrhunderte früher gelegt. Doch wenn wir unsere Probleme – seien es Kriege, Armut oder Umweltzerstörungen – wirklich an der Wurzel packen wollen, müssen wir erkennen, dass sie unabhängig davon letztlich alle auf Fragen der Ethik zurückgehen. Unsere gemeinsamen Probleme fallen weder vom Himmel noch werden sie von einer höheren Macht erzeugt. Sie sind fast immer die Folge menschlichen Handelns oder menschlicher Fehler und Irrtümer. Wenn aber menschliches Handeln die vorrangige Ursache der Probleme ist, dann müssen wir Menschen ganz sicher auch sowohl über die Fähigkeit als auch über das Verantwortungsbewusstsein verfügen, eine Lösung für sie zu finden. Und eine Lösung finden wir nur, wenn wir unsere Einstellung und unser Verhalten ändern und etwas tun.

GLOBALE VERANTWORTUNG

Gelegentlich stelle ich fest, dass Menschen zwischen persönlicher Ethik und einer weiter gefassten gesellschaftlichen Ethik unterscheiden. Diese Sicht weist meiner Ansicht nach allerdings den grundsätzlichen Mangel auf, dass sie die wechselseitigen Abhängigkeiten in unserer Welt nicht berücksichtigt.

Dass die ethische Einstellung des Einzelnen – oder deren Nichtvorhandensein – Einfluss auf das Leben vieler nehmen kann, hat sich auf schmerzliche Weise in der Finanzkrise gezeigt, die 2008 begann und deren Erschütterungen bis heute in aller Welt zu spüren sind. Sie hat deutlich gemacht, welche negativen Auswirkungen die unersättliche Gier einiger weniger auf das Leben von Millionen haben kann. Ebenso wie wir nach den Anschlägen vom 11. September angefangen haben, die Gefahren von religiösem Extremismus und Fanatismus ernst zu nehmen, müssen wir nach der Finanzkrise anfangen, die Gefahren der Gier und der Unredlichkeit ernst zu nehmen. Wenn wir Habgier hinnehmbar oder gar lobenswert finden, dann stimmt mit unserem gemeinsamen Wertesystem offensichtlich etwas nicht.

Im Zeitalter der Globalisierung ist es an der Zeit für uns zu erkennen, dass unser aller Leben zutiefst miteinander verknüpft sind und dass unser Verhalten auch eine globale Dimension hat. Wenn wir das tun, werden wir feststellen, dass das, was im Interesse der menschlichen Gemeinschaft ist, auch unseren Interessen am besten dient. Wenn wir uns dagegen nur auf unsere innere Entwicklung konzentrieren und die Probleme der äußeren Welt ignorieren, oder wenn wir diese zwar erkannt haben, aber untätig bleiben und keinen Versuch unternehmen, zu ihrer Lösung beizutragen, haben wir etwas Grundsätzliches übersehen. Apathie ist in meinen Augen eine Form von Egoismus. Denn wenn unser ethisches Konzept wirklich von Bedeutung sein soll, müssen wir selbstverständlich Anteil an der Welt nehmen. Das meine ich mit dem Prinzip globaler Verantwortung, die ein Schlüsselelement meines Konzepts einer säkularen Ethik ist.

DIE HERAUSFORDERUNG DES TECHNISCHEN FORTSCHRITTS

Durch die gewaltigen Fortschritte in Wissenschaft und Technik, die die Menschheit in den letzten zwei Jahrhunderten gemacht hat – militärisch, medizinisch und agrarwirtschaftlich –, haben wir uns so viel Wissen angeeignet und eine solche Macht über so viele Aspekte unserer Welt gewonnen wie nie zuvor. Dies lässt eine sehr ernste Sorge entstehen: Wachsen unsere Verantwortungsbereiche möglicherweise zu schnell, so dass unsere natürliche Fähigkeit, Dinge ethisch zu beurteilen, nicht mehr damit Schritt halten kann? Können wir uns angesichts der Macht, die Wissenschaft und Technik uns verliehen haben, selbst noch über den Weg trauen? Während unser Gehirn in den letzten fünftausend Jahren weitgehend gleich geblieben ist, hat sich die Welt um uns herum radikal verändert.

Trotz der globalen Herausforderungen unserer Zeit bleibe ich weitgehend optimistisch. Wir Menschen sind immer wieder an den Problemen gewachsen, die sich uns gestellt haben. Wir haben im Laufe unserer Evolution von Jäger-und-Sammler-Kulturen zu hoch technisierten urbanen Gesellschaften viele Veränderungen und Übergänge erfolgreich gemeistert. Das allein ist schon ein eindrucksvoller Beweis für unsere Widerstandsfähigkeit und unseren Einfallsreichtum als soziale und moralische Wesen. Trotz aller Kriege, Katastrophen und Krankheiten, denen wir ausgesetzt waren, hat die Menschheit nicht nur überlebt, sondern sie blüht und gedeiht sogar. Sie hat sich nicht etwa selbst zerstört, sondern vielmehr ein gegenteiliges Problem geschaffen – eine Weltbevölkerung, die in einem nie gesehenen und beängstigenden Tempo wächst.

Wir verdanken unseren Erfolg als Spezies unserer Fähigkeit zu *kooperieren*, eine Fähigkeit, die sich besonders deutlich zeigt, wenn unsere vitalen Interessen bedroht sind. Und das Wesen der Kooperation ist das Prinzip der Rücksichtnahme auf die Interessen und das Wohl der anderen. Darum bin ich zuversichtlich, dass wir Menschen auch diesmal durch Zusammenarbeit Wege finden werden, die ökologischen und technischen Herausforderungen der Gegenwart zu bewältigen. Für Selbstgefälligkeit ist allerdings kein Platz.

DIE SINNLOSIGKEIT VON KRIEGEN

Das 20. Jahrhundert war ein Jahrhundert der kriegerischen Auseinandersetzungen von nie dagewesenem Ausmaß. Schätzungen zufolge verloren mehr als zweihundert Millionen Menschen durch Kriege, Revolutionen und Völkermord das Leben. Vom Holocaust der Nationalsozialisten bis zu den Massenmorden unter despotischen Herrschern wie Stalin und Mao (in der späteren Phase seiner Regierungszeit), von den Killing Fields der Roten Khmer bis zu den »ethnischen Säuberungen« während des Bosnienkrieges und dem Völkermord in Ruanda – das Leid, das die Menschheit sich selbst zugefügt hat, ist schwer zu ertragen. Es hat in der Geschichte der Menschheit immer Kriege gegeben, und es wird sie vermutlich auch so lange geben, wie es Menschen gibt. Aber nie war das Ausmaß der Vernichtung so groß wie im 20. Jahrhundert.

Selbst in Friedenszeiten werden weiter ununterbrochen Kriegswaffen entwickelt, verbessert und verkauft. Es gibt heute keinen einzigen Winkel auf der Erde, der nicht von diesem Vernichtungsarsenal bedroht wäre. Wenn wir das Gewaltproblem in der Welt lösen und eine sicherere Welt für nachfolgende Generationen schaffen wollen, müssen wir mehr tun, als nur an verfeindete Machthaber zu appellieren und sie zur Zurückhaltung aufzufordern. Die Bedrohungen, mit denen wir leben müssen, haben ihren Ursprung auch in der Waffenindustrie und im Waffenhandel und natürlich in der – von den Medien oft noch geförderten – Gewaltkultur, die den Irrglauben schürt, Gewalt sei ein gangbarer Weg, um Konflikte zu lösen. Was wir wirklich brauchen, ist eine grundsätzliche Veränderung unserer Wahrnehmung. Denn außer in seltenen Ausnahmefällen führt Gewalt immer zu noch mehr Gewalt. Wer daher glaubt, wir könnten Frieden mit Gewalt erzwingen, liegt vollkommen falsch.

In der heutigen eng vernetzten Welt ist Krieg nicht mehr zeitgemäß und widerspricht aller Vernunft. Wenn in ferner Vergangenheit zwei Gruppen vollkommen voneinander getrennte Interessen verfolgten, konnte Gewalt als letztes Mittel möglicherweise bis zu einem gewissen Grad gerechtfertigt werden. Für unsere heutige Welt, in der alle Regionen und alle Menschen ökologisch, ökonomisch und politisch eng miteinander verbunden sind, gilt dies auf keinen Fall. Krieg, Unterdrückung oder innere Unruhen in dem einen Gebiet wirken sich auf das Leben der Menschen in anderen Teilen der Welt aus. Das Phänomen des Terrorismus ist ein Extrembeispiel hierfür. Menschen, die ihre zerstörerischen Ziele mit absoluter Entschlossenheit verfolgen, werden sich durch kein noch so ausgeklügeltes Kontroll- oder Sicherheitssystem aufhalten lassen.

Gewalt ist auch deshalb kein geeignetes Mittel der Konfliktlösung, weil der Ausgang von Gewalthandlungen unvorhersehbar ist. Das hat das Beispiel des Irakkrieges gezeigt. Ursprünglich als begrenzter Kriegseinsatz geplant, zogen sich die Kampfhandlungen in die Länge und mündeten in einen Konflikt, der bis heute nicht gelöst ist und das Leben vieler unschuldiger Menschen zerstört hat.

Wir müssen dafür Sorge tragen, dass wir die Fehler der Vergangenheit in den Jahrzehnten, die uns im 21. Jahrhundert noch bleiben, nicht wiederholen. Und wir werden das Maß an Gewalt in unserer Welt nur mindern können, wenn sich immer mehr Menschen rund um den Erdball bewusst zum Grundsatz der Abrüstung bekennen. Abrüstung ist praktiziertes Mitgefühl. Erforderlich ist daher eine innere Abrüstung von Hass, Vorurteilen und Intoleranz auf der persönlichen Ebene und eine äußere Abrüstung auf der nationalen und staatlichen Ebene. Statt Salz in die Wunden zu streuen, die das Erbe früherer Generationen sind, müssen wir anfangen, unsere Abgründe zu überbrücken, indem wir uns zum Dialog, zur Kooperation und zu einem gegenseitigen Verständnis bekennen. Angesichts einer rasch zunehmenden Weltbevölkerung und des rasant ansteigenden Wirtschaftswachstums in bevölkerungsreichen Ländern wie China, Indien und Brasilien wird sich der Kampf um natürliche Ressourcen – nicht nur um fossile Brennstoffe, sondern auch um so lebensnotwendige Dinge wie Wasser, Nahrungsmittel und Ackerland – zwangsläufig verschärfen. Es ist darum besonders wichtig, dass die jüngeren Generationen, die Bewahrer unserer Zukunft, ein starkes Bewusstsein für die Sinnlosigkeit von Kriegen entwickeln. Aus dem, was Mahatma Gandhi und Martin Luther King erreicht haben, können wir lernen, dass Gewaltlosigkeit auf lange Sicht der beste Weg ist, Unrecht aus der Welt zu schaffen. Wenn das 20. Jahrhundert ein Jahrhundert der Gewalt war, dann lassen Sie uns aus dem 21. Jahrhundert ein Jahrhundert des Dialogs machen.

DIE UMWELT

Seit Jahrzehnten weise ich darauf hin, wie wichtig ein Umweltbewusstsein für das künftige Wohlergehen der Menschheit ist, und ich finde es ermutigend, dass dieses Bewusstsein in den vergangenen Jahren vor allem unter den jungen Menschen stark zugenommen hat und dass Politiker heute gezwungen sind, das Thema ernst zu nehmen.

Als die Industrialisierung in Europa einsetzte und sich allmählich auch in anderen Teilen der Welt ausbreitete, hatten die

Menschen kaum eine Vorstellung von den komplexen Wechselwirkungen in der Natur. Im Namen des Fortschritts wurden Tiere gejagt, bis ihre Art ausgestorben war, und es wurden Wälder gerodet und Flüsse mit den Abwässern der Fabriken vergiftet. Doch heute, da die Wissenschaft enorme Fortschritte gemacht hat und wir das empfindliche Gleichgewicht in der Natur besser verstehen, können wir uns nicht mehr auf unsere Unwissenheit berufen.

Heute müssen wir der Tatsache ins Auge sehen, dass unser durch und durch materialistisch geprägtes Leben viel zu verschwenderisch ist und ein hohes Maß an Umweltzerstörung mit sich bringt. Es ist nur zu verständlich, dass die Menschen in den Entwicklungsländern ein genauso bequemes Leben führen wollen, wie es die Bewohner der Industrienationen genießen. Doch angesichts des schnellen Anwachsens der Weltbevölkerung ist klar, dass wir unseren Hunger nach natürlichen Ressourcen nicht mehr werden stillen können, wenn wir unsere »modernen« Konsumgewohnheiten nicht ändern. Die Folgen dieser Gewohnheiten machen sich bereits bemerkbar: hemmungsloser Raubbau an der Natur und die damit verbundene Umweltzerstörung führen regional wie global zu ökologischen Krisen. Daher wäre es wünschenswert, wenn die Nationen, die jetzt ein so rasantes Wirtschaftswachstum erleben, nicht blind den Entwicklungsmodellen der reicheren Länder folgen würden. Vielmehr sollten Länder wie China, Indien und Brasilien Vorreiter beim Entwurf neuer und nachhaltigerer Wege von Fortschritt und Entwicklung sein. In dieser Hinsicht finde ich, dass das Mikrofinanzmodell, das flexibel und sensibel auf spezielle lokale und ökologische Bedürfnisse und Gegebenheiten eingehen kann, sehr vorausdenkend ist.

Wir können das Problem der Umweltzerstörung nur bewältigen, wenn wir global kooperieren. Das zeigt sich deutlich am

Beispiel des Klimawandels. In Tibet, das von Umweltexperten manchmal als »dritter Pol« bezeichnet wird, weil seine Gletscher für die asiatischen Wettersysteme so wichtig sind, ist bereits ein Abschmelzen der Gletscher zu beobachten, und die Durchschnittstemperatur im tibetischen Hochland steigt Berichten zufolge viel schneller an als in den angrenzenden tiefer gelegenen Gebieten.

Einige der wichtigsten Flüsse Asiens – beispielsweise Jangtse und Gelber Fluss, Mekong, Saluen, Brahmaputra und Indus – entspringen im Hochland von Tibet. Wenn die Gletschergrenzen zurückweichen, werden die Ufergebiete an den Oberläufen der Flüsse anfälliger für Trockenheit sein. Hinzu kommt, dass sich die Folgen der Abholzung schon jetzt in Form von massiven Überflutungen bemerkbar machen. Auf lange Sicht könnte das Abschmelzen der tibetischen Gletscher dramatische Klimaveränderungen nach sich ziehen und in China, Indien, Pakistan und Südostasien Wasserknappheit und Wüstenbildungen mit sich bringen. Die katastrophalen Folgen würden weltweit zu spüren sein.

Es zeugt von Realitätsferne, wenn heutige Staaten nur ihr eigenes nationales Interesse im Blick haben. Die Industrienationen, die so viele Vorteile genießen, müssen mit den Entwicklungsländern kooperieren, die natürlich gern an deren Segnungen teilhaben würden. Eine ehrliche Kooperation kann jedoch nicht erzwungen werden. Sie kann nur aus dem gegenseitigen Vertrauen und Respekt der Beteiligten entstehen, und Vertrauen setzt Transparenz voraus. Das Scheitern des Klimagipfels 2009 in Kopenhagen war ein trauriges Beispiel dafür, dass Kooperation nicht möglich ist, wenn die Parteien nicht in der Lage oder gewillt sind, über den Tellerrand ihrer Eigeninteressen hinauszublicken.

DAS PROBLEM DER GIER UND DIE FREUDE DER MENSCHENLIEBE

In der materialistischen Welt von heute neigen die Menschen dazu, sich zu Sklaven des Geldes zu machen, als wären sie Teil einer riesigen Gelderzeugungsmaschine. Damit leisten sie keinen Beitrag zur Würde, zur Freiheit und zum Wohl des Menschen. Reichtum sollte im Dienst des Menschen stehen und nicht umgekehrt. Die ungleiche Verteilung der Güter, die weltweit immer deutlicher zutage tritt, ist größer als je zuvor und nimmt immer noch weiter zu. Das ist beängstigend. Die extreme wirtschaftliche Ungleichheit nicht nur zwischen Nord und Süd, sondern auch zwischen Arm und Reich innerhalb der einzelnen Staaten, ist nicht nur aus moralischen Gründen falsch; sie lässt auch schwerwiegende praktische Probleme entstehen wie Krieg, extremistische Gewalt und soziale Spannungen durch eine ökonomisch motivierte Massenmigration.

Hinsichtlich der ökonomischen Ungleichheit betrachte ich mich mindestens als Halbmarxisten. Das kapitalistische System ist ohne Zweifel bestens geeignet, wenn es darum geht, Wohlstand zu schaffen und die materielle Lage der Menschen zu verbessern. Aber als gesellschaftliches Leitbild taugt es überhaupt nicht, weil es allein vom Profitdenken angetrieben wird, ohne sich von irgendwelchen ethischen Prinzipien leiten zu lassen. Ein ungezügelter Kapitalismus kann zu einer schrecklichen Ausbeutung der Schwächsten führen. Wir müssen also einen Weg zur ökonomischen Gerechtigkeit finden, der die Dynamik des Kapitalismus nutzt, ohne dabei das Wohl der Benachteiligten aus dem Blick zu verlieren. Auch hier bietet die Mikrofinanz meiner Meinung nach eine nachhaltige und flexible Möglichkeit der Armutsbekämpfung und Entwicklungsförderung und einen Ansatz, der die Exzesse des Kapitalismus auf der einen und die Ineffizienz ausufernder staatlicher Kontrollen auf der anderen Seite verhindern könnte.

Vor einiger Zeit besuchte mich ein sehr wohlhabendes indisches Ehepaar aus Mumbai und erbat sich meinen Segen. Ich habe den Eheleuten wie schon so vielen anderen zuvor gesagt, der einzig wahre Segen könne nur von ihnen selbst kommen. Um ihr Leben segensreich zu machen, sollten sie, so schlug ich ihnen vor, ihren Reichtum zum Wohl der Armen verwenden. Schließlich gibt es in Mumbai viele Slums, in denen selbst das Notwendigste zum Leben wie sauberes Wasser fehlt. Also empfahl ich ihnen, ihr Geld, das sie als Kapitalisten verdient hatten, nun als Sozialisten auszugeben.

In diesem Zusammenhang möchte ich sagen, dass mich Philanthropen wie Bill und Melinda Gates und eine wachsende Zahl anderer, die freiwillig einen substanziellen Teil ihres Reichtums mit der globalen Gemeinschaft teilen, zutiefst beeindrucken. Ich finde das großartig und appelliere an andere, die einen hohen Grad an materiellem Erfolg erzielt haben, sich diesem edlen Trend anzuschließen.

NEUE HERAUSFORDERUNGEN DURCH DEN WISSENSCHAFTLICHEN FORTSCHRITT

In den vergangenen Jahren hat man in Bereichen wie der Gentechnik und der Biotechnologie rasante Fortschritte erzielt. Durch das therapeutische und reproduktive Klonen haben wir eine nie dagewesene Macht über die Erschaffung und Manipulation des Lebens selbst bekommen. Und die Sequenzierung des menschlichen Genoms ermöglicht, wie man mir sagte, ebenfalls eine Revolutionierung der Medizin, indem das Schwergewicht von einer biochemischen auf eine genetische Therapierung verlagert wird. Mediziner sind zunehmend in der Lage, durch genetische Analysen den wahrscheinlichen Gesundheitsverlauf eines Menschen vorherzusagen. Diese Fortschritte stellen nicht nur Ärzte und Eltern, sondern auch Arbeitgeber und Institutionen vor schwierige Entscheidungen. Manche reagieren auf die Herausforderungen der neuen Technologien mit einer Pauschalverurteilung und lehnen beispielsweise jede Form der Genmanipulation ab. Aber ich glaube nicht, dass man es sich in diesen Dingen so leicht machen kann. Wir müssen unserer dadurch neu entstehenden Verantwortung mit einer gut begründeten Motivation und einem kritischem Urteilsvermögen begegnen. Einige mit den Entwicklungen in der Biogenetik verbundene Probleme habe ich in einem früheren Buch, *Die Welt in einem einzigen Atom*, behandelt.

Alle wichtigen Herausforderungen, mit denen wir weltweit konfrontiert sind, rufen nach einem auf ethischer Achtsamkeit und inneren Werten aufbauenden Ansatz. Die Sicherung der Zukunft ist nicht nur eine Frage von Gesetzen und staatlicher Regulierung, sie setzt auch die Bereitschaft des Einzelnen zum Handeln voraus. Wir müssen unsere Denkgewohnheiten ändern und die Kluft zwischen Wahrnehmung und Wirklichkeit schließen. Zur Bewältigung dieser Aufgabe sind Bildung und Erziehung von entscheidender Bedeutung.

DIE ERZIEHUNG UND AUSBILDUNG KÜNFTIGER GENERATIONEN

Als das moderne Bildungssystem eingeführt wurde, war Religion noch eine einflussreiche Kraft in der Gesellschaft, sodass Tugenden wie Selbstdisziplin, Bescheidenheit und Hilfsbereitschaft im Rahmen der Familie und der religiösen Gemeinschaft noch vermittelt und vertreten wurden und als selbstverständlicher Bestandteil der Erziehung galten. Der Schwerpunkt der modernen Allgemeinbildung wurde daher auf das literarische und technische Wissen gelegt. Heute ist es allerdings kaum noch realistisch, davon auszugehen, dass Kinder automatisch eine ethische Erziehung bekommen. Religion hat nicht mehr ihren früheren Einfluss in der Gesellschaft, und feste Werte innerhalb der Familie, die früher meist im religiösen Glauben verwurzelt waren und durch ein ausgeprägtes Gemeinschaftsgefühl bekräftigt wurden, sind ebenfalls ausgehöhlt worden, häufig durch materialistische Werte und wirtschaftlichen Druck. Als Folge dieser Entwicklung können wir nicht mehr selbstverständlich voraussetzen, dass Kindern innere Werte eingeimpft werden. Wenn wir aber nicht mehr davon ausgehen können, dass Menschen innerhalb der Familie oder durch religiöse Institutionen spirituelle und ethische Werte vermittelt werden, dann scheint es klar zu sein, dass sich die Verantwortung der Schulen für die spirituelle und ethische Erziehung beträchtlich erhöht hat.

Die Frage, wie wir dieser Verantwortung im Zeitalter der Globalisierung und der multikulturellen Gesellschaften Rechnung tragen können, ist allerdings nicht einfach zu beantworten. Auf welcher Grundlage soll beispielsweise eine Schule, die von Kindern mit unterschiedlichem kulturellen und religiösen Hintergrund besucht wird, ihre ethische Erziehung gestalten?

Sie kann sich nicht auf die Sicht einer einzigen Religion beschränken. In einigen Teilen der Welt ist Religion nicht einmal Bestandteil des Unterrichtsplans. Wie also können Schulen eine unvoreingenommene und umfassende ethische Haltung vermitteln?

Wenn ich an Schulen oder Universitäten über die Notwendigkeit spreche, Ethik und inneren Werten größere Aufmerksamkeit zu schenken, sind die Reaktionen sehr positiv. Das lässt darauf schließen, dass Lehrkräfte und Schüler mein Anliegen teilen. Wir müssen also einen wirklich universellen Weg finden, innere Werte zu fördern – einen Weg, der vorurteilsfrei ebenso agnostisch-humanistische Auffassungen wie die unterschiedlichen religiösen Ansichten aufgreifen kann.

Im Herbst 2009 habe ich an interessanten Gesprächen zu diesem Thema teilgenommen und bei dieser Gelegenheit viele angehende Lehrer aus der Provinz Québec kennengelernt. Früher war die Bevölkerung von Québec vorwiegend konservativ und katholisch geprägt, in den vergangenen Jahrzehnten hat sich die Gesellschaft jedoch wie in vielen anderen Teilen der Welt zunehmend säkularisiert und überdies durch Zuwanderer einen multikulturellen und multireligiösen Charakter angenommen. Um diesem Wandel Rechnung zu tragen, sucht die Provinzregierung nun nach neuen Wegen einer ethischen Erziehung an den Schulen, die unabhängig sind von traditionellen religiösen Konzepten.

Zu spezifischen Fragen – zum Lehrplan oder zur Gestaltung des Unterrichts für verschiedene Altersstufen beispielsweise – konnte ich wenig sagen, weil das Dinge sind, über die Fachleute wie Pädagogen und Entwicklungspsychologen entscheiden müssen. Aber ich habe meiner grundsätzlichen Überzeugung Ausdruck gegeben, dass ein säkulares Ethikkonzept unbedingt auf wirklich universellen Grundprinzipien fußen muss. Und ich habe darauf hingewiesen, dass viele Menschen aus Aufmerksamkeitsübungen und der Förderung innerer Werte einen Nutzen ziehen können. In Erinnerung daran werde ich im zweiten Teil dieses Buches auf einige dieser Übungen näher eingehen.

Zum pädagogischen Vorgehen habe ich lediglich erwähnt – und das tue ich auch hier –, dass es für die Vermittlung von ethischer Achtsamkeit und inneren Werten niemals reicht, Informationen weiterzugeben, sondern dass Vorleben durch das eigene Beispiel von höchster Bedeutung ist. Wenn sich ein Lehrer wortreich über den Wert und die positive Wirkung der Güte auslässt, es aber versäumt, das Gesagte durch sein eigenes Verhalten zu verdeutlichen, sind seine Schüler wahrscheinlich wenig überzeugt von seinen Worten. Wenn er hingegen durch sein gütiges Verhalten zeigt, dass ihm seine Schüler wirklich am Herzen liegen, so verstärkt dies die Wirkung seiner Worte.

Damit will ich Lehrern keinesfalls dazu raten, allzu nachgiebig zu sein. Die besten Lehrer sind im Gegenteil oft ziemlich streng. Aber damit man mit Strenge etwas erreichen kann, muss ihr ein echtes Interesse am Wohl der Schüler zugrunde liegen. In diesem Zusammenhang fällt mir mein verstorbener Lehrer Ling Rinpoche ein, den ich sehr geschätzt habe. Seiner äußeren Erscheinung nach war er ein ziemlich strenger Mensch. Als ich als junger Mönch in Tibet studierte, legte er während des Unterrichts sogar zwei Peitschen neben sich. Die eine war eine gewöhnliche Peitsche aus braunem Leder, die andere war eine gelbe Peitsche, die speziell für mich gedacht war. Er hat die gelbe Peitsche nie eingesetzt, aber hätte er es getan, so hätte sie mir sicher nicht weniger Schmerzen zugefügt als diejenige, die mein unglücklicher Bruder ein paarmal zu spüren bekam! Aber Scherz beiseite: Lehrer haben einen enormen Einfluss sowohl auf die intellektuelle als auch auf die charakterliche Entwicklung eines Kindes. Jedes Kind hat seine eigenen Bedürfnisse, auf die ein Lehrer einfühlsam eingehen muss. Strenge mag gut sein für die einen, während man mit anderen eher behutsam umgehen muss.

Was mich betrifft, so empfinde ich meinen Lehrern gegenüber bis heute eine tiefe Dankbarkeit. Hinter Ling Rinpoches strengem Äußeren verbarg sich ein aus tiefstem Herzen gütiges Wesen, das ich mit der Zeit schätzen lernte. In der traditionellen tibetischen Klosterausbildung gibt es eine Reihe von Eigenschaften, die an einem Lehrer bewundert werden. Dazu gehören Geduld, Begeisterung, Dynamik und die Fähigkeit mitzureißen und Stoffe anschaulich, klar und verständlich zu vermitteln. Aber es sind vor allem drei Dinge, die jemanden zu einem großen Lehrer machen: wissenschaftliche Exzellenz (*khê*), moralische Integrität (*tsün*) und ein freundliches Wesen (*sang*).

Mir ist durchaus bewusst, dass Lehrer in der heutigen Gesellschaft oft vor gewaltigen Herausforderungen stehen. Die Klassen können sehr groß, die zu unterrichtenden Stoffe komplex und die Schüler schwierig und undiszipliniert sein. Es hat mich angesichts der Wichtigkeit und Schwierigkeit des Lehrerberufs sehr überrascht zu erfahren, dass Lehrer in manchen westlichen Gesellschaften einen ziemlich niedrigen gesellschaftlichen Status haben. Das ist widersinnig. Lehrer müssten Beifall dafür bekommen, dass sie diesen Beruf gewählt haben. Sie müssten sich selbst zu ihrer Berufswahl gratulieren, besonders an Tagen, an denen sie sich erschöpft und entmutigt fühlen. Sie erfüllen eine Aufgabe, die nicht nur den momentanen Wissensstand ihrer Schüler beeinflusst, sondern auch deren gesamtes zukünftiges Leben, und dadurch haben sie die Möglichkeit, einen Beitrag zur Zukunft der Menschheit zu leisten.

DIE NOTWENDIGKEIT, BEHARRLICH ZU SEIN

Ist mein Optimismus hinsichtlich der Zukunft der Menschheit angesichts all der Probleme der vernetzten Welt von heute idealistisch? Vielleicht ist er das. Ist er unrealistisch? Ganz sicher nicht. Gleichgültig gegenüber den Herausforderungen unserer Zeit zu bleiben, ist unverzeihlich. Wenn es um ein edles Ziel geht, spielt es keine sonderlich große Rolle, ob wir seine Verwirklichung selbst noch erleben oder nicht. Darum dürfen wir niemals nachlassen in unserem Bemühen und in unserer Beharrlichkeit.

TEIL II

SCHULUNG DES HERZENS DURCH GEISTIGES TRAINING

EINLEITUNG: BEI SICH SELBST BEGINNEN

Im ersten Teil dieses Buches habe ich eine rein säkulare Grundlage für das Verständnis der Bedeutung von Mitgefühl und inneren Werten gelegt. Aber es reicht nicht, die Notwendigkeit dieser Eigenschaften zu verstehen. Wir müssen auch diesem Verständnis entsprechend *handeln*. Wie also stellen wir es an, das Verständnis in unser tägliches Leben einzubringen und es darin umzusetzen? Wie schaffen wir es, uns mitfühlender, gütiger, versöhnlicher und urteilsfähiger zu verhalten?

Als Antwort auf solche Fragen lege ich nun im zweiten Teil ein paar Gedanken dazu dar, auf welche Weise wir unser Herz schulen können. Viele Aspekte dieser Vorschläge – wie man ein negatives Verhalten vermeidet, wie man die Neigung zu destruktiven Gefühlen bekämpft, wie man innere Werte wie Mitgefühl, Geduld, Genügsamkeit, Selbstdisziplin und Großzügigkeit kultiviert und wie man durch geistiges Training einen ruhigen, beherrschten Geist entwickelt – gehen auf die Traditionen des klassischen Buddhismus zurück, die einen Teil meines eigenen Hintergrunds bilden, insbesondere auf die Tradition des »Geistestrainings«, im Tibetischen als *lojong* bekannt. Ich bin jedoch der Meinung, dass die hier vorgestellten Übungen keine religiöse Überzeugung oder Bindung voraussetzen. Sie sind vielmehr ein Weg, auf dem wir dahin gelangen können, ein ethisches Leben in Einklang mit anderen und mit einer tieferen Empfindung des Wohlbefindens zu führen. Diese Übungen können also unabhängig von irgendeiner speziellen religiösen oder kulturellen Sichtweise praktiziert werden.

Die Anregungen, die ich in den folgenden Kapiteln gebe, sind mit der aufrichtigen Hoffnung verbunden, dass sie denjenigen Hilfe und Anleitung sein können, die lernen möchten, ihre eigenen Probleme zu überwinden und ein erfülltes ethisches Leben zu führen, das auf lange Sicht ihrem eigenen Wohl und dem Wohl anderer dient.

Ich betone noch einmal, dass meine Vorschläge kein sofort wirkendes Heilmittel für all unsere Probleme sind. Die Schulung des Herzens erfordert Zeit und ausdauerndes Bemühen, aber ich zweifle nicht daran, dass jeder ehrlich motivierte Mensch lernen kann, warmherzig zu sein, und dass jeder von solchem Bemühen profitieren kann.

8 ETHISCHE ACHTSAMKEIT IM TÄGLICHEN LEBEN

DIE NOTWENDIGKEIT ZU HANDELN

Ethik ist nicht einfach nur eine Frage des *Wissens*. Der wichtigste Aspekt ist vielmehr das *Handeln*. Aus diesem Grund nützt selbst das differenzierteste ethische Verständnis wenig, wenn es im täglichen Leben nicht praktisch angewendet wird. Ein ethisches Leben setzt nicht nur voraus, dass wir uns bewusst eine ethische Einstellung aneignen, sondern wir müssen darüber hinaus wirklich bereit sein, innere Werte zu entwickeln und sie zur Grundlage unseres Handelns zu machen.

Hinsichtlich der Frage, wie man eine ethische Einstellung im täglichen Leben praktisch umsetzt, ist es vielleicht hilfreich, diese praktische Umsetzung als einen Prozess zu sehen, der drei Aspekte oder Ebenen umfasst, wobei jede fortgeschrittener ist als die vorherige und nur erfolgreich sein kann, wenn sie auf dieser aufbaut. Wie in einigen klassischen buddhistischen Schriften ausgeführt, sind dies: eine Ethik der Zurückhaltung – bewusst vermeiden, anderen tatsächlichen oder möglichen Schaden zuzufügen; eine Ethik der Tugend – unser positives Verhalten und unsere inneren Werte aktiv pflegen und weiterentwickeln; und eine Ethik des Altruismus – unser Leben ehrlich und selbstlos dem Wohl anderer widmen.

Diese drei Stufen müssen, um ihren Zweck zu erfüllen, in Bezug zu unserem gesamten Verhalten gesehen werden, also nicht nur auf unser äußeres Tun bezogen werden, sondern auch auf das, was wir sagen und letztendlich sogar auf das, was wir denken und beabsichtigen. Von diesen Ebenen unseres Verhaltens – körperlich, sprachlich und gedanklich – ist die geistige Ebene als Ursprung von allem, was wir tun und sagen, die wichtigste.

Wenn wir unsere Aufmerksamkeit nur auf unsere körperlichen und verbalen Handlungen richten würden, wäre das so, als würde ein Arzt nur die Symptome einer Krankheit behandeln und nicht die ihnen zugrunde liegenden Ursachen. Eine erfolgreiche Behandlung setzt voraus, dass sie auch bei der Ursache des Problems ansetzt. Daher steht das Thema Geistestraining im Zentrum der drei letzten Kapitel. Aber bevor ich mich darüber auslasse, wie man durch geistiges Training das Herz schult, möchte ich ein paar Worte über den Verzicht auf ein destruktives Verhalten sagen, weil dies die erste Stufe praktizierter Ethik ist.

ETHIK DER ZURÜCKHALTUNG

In Bezug auf bestimmte Formen des Verhaltens, die offensichtlich anderen schaden, stimmen alle großen Religionen und humanistischen Traditionen überein. Mord, Diebstahl und unangemessenes Sexualverhalten wie beispielsweise sexueller Missbrauch fügen anderen per definitionem Schaden zu. Sie müssen also selbstverständlich unterlassen werden.

Aber die Ethik der Zurückhaltung erfordert mehr als das. Bevor wir daran denken können, anderen aktiv Gutes zu tun, müssen wir sicherstellen, dass wir ihnen keinen Schaden zufügen, auch nicht durch ein Verhalten, das nicht direkt gewalttätig ist.

Was dieses Prinzip, niemandem Schaden zuzufügen, betrifft, so bin ich zutiefst beeindruckt von der Haltung meiner jainistischen Brüder und Schwestern. Eines der wichtigsten Prinzipien des Jainismus, der eine Art Zwillingsreligion zum Buddhismus darstellt, ist die Gewaltlosigkeit, *ahimsa*, allen Lebewesen gegenüber. Beispielsweise nehmen jainistische Mönche große Mühen auf sich, um zu vermeiden, dass sie bei ihren täglichen Übungen versehentlich auf ein Insekt treten oder einem Lebewesen auf irgendeine Weise Leid zufügen.

Es wäre jedoch sicher schwer für uns alle, dem bewundernswerten Beispiel jainistischer Mönche und Nonnen nachzueifern. Selbst für diejenigen, deren Sorge nur den Menschen gilt und nicht alle fühlenden Lebewesen umfasst, kann es manchmal außerordentlich schwer sein, durch ihr Handeln nicht auf indirekte Weise zum Leid anderer beizutragen. Denken wir nur daran, wodurch Flüsse verschmutzt werden: vielleicht durch Bergwerke, in denen Erze abgebaut werden, oder durch Fabriken, in denen Komponenten hergestellt werden, die für technische Geräte unseres täglichen Gebrauchs unverzichtbar sind. Jeder Benutzer solcher technischen Geräte ist daher mitverantwortlich für die Umweltverschmutzung und übt damit einen negativen Einfluss auf das Leben anderer aus. Bedauerlicherweise ist es ohne weiteres möglich, dass wir anderen durch unser Tun indirekt Schaden zufügen, ohne dass dies je in unserer Absicht lag.

Realistischerweise können wir den Schaden, den wir im täglichen Leben verursachen, meiner Meinung nach am besten dadurch möglichst gering halten, dass wir uns in unserem Verhalten auf unser Urteilsvermögen verlassen und dem natürlichen Verantwortungsgefühl folgen, das sich mit dem aus unserem Urteilsvermögen gewonnenen erweiterten Bewusstsein einstellt.

LEID, DAS OHNE ÄUSSERE GEWALT VERURSACHT WIRD

Während Leid, das durch äußeres Handeln verursacht wird, meist sichtbar ist, kann das, was wir anderen durch Worte antun, verborgen bleiben, richtet aber oft nicht weniger Schaden an. Das gilt besonders in Bezug auf diejenigen, die uns am nächsten stehen. Wir Menschen sind empfindsame Wesen, und es ist leicht, unsere Nächsten durch unbedachte oder barsche Worte zu verletzen.

Wir können andere auch durch Unaufrichtigkeit, üble Nachrede und boshaften Tratsch verletzen. Sicher hat jeder von uns die Folgen solcher Gehässigkeiten schon einmal am eigenen Leib erfahren. Sie untergraben Liebe und Vertrauen, leisten unseligen Missverständnissen Vorschub und säen Zwietracht zwischen den Menschen. Hier wie auf anderen Gebieten müssen wir die »goldene Regel« befolgen, die in allen ethischen Systemen der Welt enthalten ist: »Behandele andere so, wie du behandelt werden möchtest«, oder: »Was du nicht willst, das man dir tu, das füge keinem anderen zu.«

Wenn es darum geht, verletzende Handlungen durch körperliches Tun oder durch Worte zu vermeiden, finde ich neben dieser grundsätzlichen Regel eine Liste von sechs Prinzipien hilfreich, die einer Schrift des indischen Philosophen Nagarjuna aus dem 2. Jahrhundert entlehnt ist. In diesem Text gibt Nagarjuna einem zeitgenössischen indischen Herrscher Ratschläge. Die sechs Prinzipien lauten:

- Den übermäßigen Genuss von Rauschmitteln meiden.
- Die Prinzipien richtiger Lebensführung hochhalten.
- Dafür sorgen, dass Körper, Rede und Geist gewaltlos sind.
- Andere mit Respekt behandeln.

- Diejenigen in Ehren halten, die unsere Hochachtung verdienen, wie Eltern und Lehrer und Menschen, die gut zu uns sind.
- Freundlich zu anderen sein.

Was er mit »richtiger Lebensführung« meint, erklärt Nagarjuna durch die Auflistung der folgenden Beispiele falscher Lebensführung: sich durch Vorspiegelung falscher Tatsachen materielle Vorteile verschaffen; andere mit schönen Worten täuschen, um Dinge von ihnen zu bekommen; Besitztümer anderer in der Absicht preisen, sich selbst in ihren Besitz zu bringen; sich etwas mit Gewalt aneignen, das anderen gehört; den Wert dessen, was man in der Vergangenheit erhalten hat, in der Hoffnung überhöhen, dass man dann mehr bekommt.

Die meisten dieser falschen Verhaltensweisen haben etwas mit Unaufrichtigkeit zu tun. Unaufrichtigkeit zerstört die Grundlagen des Vertrauens anderer und richtet großen Schaden an. Beim Umgang mit anderen ist daher Transparenz außerordentlich wichtig. Viele Skandale, die heute bekannt werden, insbesondere die Korruption, die auf so vielen Ebenen und in so vielen Bereichen – in Regierungskreisen, in der Justiz, im internationalen Finanzsektor, in der Politik und sogar im internationalen Sport – zu beobachten ist, kann man auf die Missachtung der richtigen Lebensweise, wie sie hier definiert wird, zurückführen.

GEWISSENHAFTIGKEIT, ACHTSAMKEIT UND BEWUSSTHEIT

So wie es einem Schreiner nicht einfallen würde, einen Stuhl zu reparieren, ohne Hammer, Beitel und Säge bereitzuhalten, benötigen wir eine Grundausrüstung an Werkzeugen, die uns bei unserem täglichen Bemühen, ein ethisches Leben zu führen, unterstützen. In der buddhistischen Tradition werden diese Werkzeuge als drei miteinander verknüpfte Faktoren beschrieben, die als *Gewissenhaftigkeit, Achtsamkeit und nach innen gerichtete Bewusstheit* bekannt sind. Diese drei Begriffe können auch im säkularen Kontext nützlich sein. Zusammengenommen können sie uns helfen, im täglichen Leben auf unsere Kerntugenden zu achten, und sie können uns in unserem Verhalten im Alltag so leiten, dass es stärker im Einklang ist mit dem Ziel, uns selbst und anderen Gutes zu tun.

Gewissenhaftigkeit, der erste der drei Begriffe, bezieht sich auf eine allgemeine Geisteshaltung der Sorgfalt. Mit dem tibetischen Begriff *bhakyö*, oft als »Gewissenhaftigkeit« oder »Pflichtbewusstsein« übersetzt, wird ein bedachtes und wachsames Verhalten bezeichnet. Wenn bei einem Menschen beispielsweise Diabetes diagnostiziert wird, so wird ihm der Arzt sagen, dass er sehr genau auf seine Ernährung achten muss. Er darf keinen Zucker und keine zu stark gesalzene oder zu fettreiche Nahrung zu sich nehmen, damit sein Blutdruck und sein Insulinspiegel nicht außer Kontrolle geraten. Der Arzt wird ihn darauf hinweisen, dass er schwere gesundheitliche Schäden riskiert, wenn er sich nicht an die Ernährungsvorschriften hält. Ein Patient, dem seine Gesundheit am Herzen liegt, wird dem ärztlichen Rat folgen und genauestens auf seine Ernährung achten. Wenn er in Versuchung gerät, etwas zu essen, das ihm eigentlich verboten ist, wird ihm die vorsichtige Haltung, die er sich zu eigen gemacht hat, den Verzicht erleichtern.

In einem klassischen buddhistischen Text wird der Begriff der Gewissenhaftigkeit anhand einer Geschichte erläutert: Ein Mann, der wegen eines Verbrechens verurteilt wurde, muss auf Befehl des Königs eine randvoll mit Sesamöl gefüllte Schale tragen, während neben ihm ein Wachposten mit blankgezogenem Schwert geht. Dem Verurteilten wird angedroht, dass er mit dem Schwert erschlagen wird, wenn er auch nur einen einzigen Tropfen Öl vergießt. Man kann sich vorstellen, wie vorsichtig und wachsam der Verurteilte sein wird. Er wird vollkommen konzentriert und im höchsten Maße aufmerksam sein. Die Geschichte macht deutlich, wie eng Gewissenhaftigkeit mit den beiden Faktoren Achtsamkeit und Bewusstheit verbunden ist, die im Folgenden beschrieben werden.

Es gibt heute viele säkularisierte Techniken zur Entwicklung von Achtsamkeit, die erfolgreich zur Stressbewältigung und zur Behandlung von Depressionen eingesetzt werden. Soweit ich es verstanden habe, bezieht sich der Begriff Achtsamkeit in diesem Zusammenhang meist auf die Bewusstmachung unserer eigenen Verhaltensmuster einschließlich unseres Denkens und Fühlens sowie darauf, wie wir die Gewohnheiten, Gedanken und Gefühle, die kontraproduktiv sind, ablegen können. Solch ein Bemühen erscheint mir sehr lohnenswert. Im nächsten Kapitel werde ich darauf eingehen, was wir tun können, um diese Art von Bewusstheit weiterzuentwickeln.

Im Zusammenhang mit einer ethischen Lebensführung im Alltag ist *Rückbesinnung* meiner Ansicht nach die wichtigste Bedeutungskomponente von Achtsamkeit. Anders gesagt ist Achtsamkeit die Fähigkeit eines Menschen, sich geistig zu sammeln und sich auf diese Weise auf seine zentralen Werte und seine innere Motivation zurückzubesinnen. Das tibetische Wort für Achtsamkeit, *drenpa*, hat auch die Bedeutung von »Erinnerung«, was darauf hinweist, dass zum täglichen Handeln geistige Vergegenwärtigung gehört. Eine solche Vergegenwärtigung verringert die Wahrscheinlichkeit, dass wir unseren schlechten Gewohnheiten nachgeben, und erhöht die Wahrscheinlichkeit, dass wir Dinge unterlassen, die negative Folgen haben. Rücksichtslose Müllentsorgung, verschwenderischer Umgang mit Ressourcen und Völlerei sind ganz einfache Beispiele für ein Verhalten, dem man durch Achtsamkeit entgegenwirken kann.

Bewusstheit, oder tibetisch *sheshin*, heißt, auf das eigene Verhalten zu achten. Es bedeutet, dass wir unser Verhalten im Moment des Geschehens ehrlich beobachten und uns dadurch in die Lage versetzen, es zu steuern. Indem wir uns unsere Worte und Handlungen bewusst machen, schützen wir uns davor, Dinge zu tun und zu sagen, die wir später bereuen. Wenn wir beispielsweise wütend sind und uns nicht eingestehen, dass die Wut unsere Wahrnehmung verzerrt, sagen wir vielleicht Dinge, die wir gar nicht meinen. Es ist im täglichen Leben also von großem praktischem Nutzen, wenn wir über die Fähigkeit verfügen, uns selbst zu beobachten, also wenn wir über eine zweite Aufmerksamkeitsebene verfügen, da wir dadurch negative Verhaltensweisen besser beherrschen und unseren inneren Motiven und Überzeugungen treu bleiben können.

Eine solche Bewusstheit gegenüber unserem eigenen Verhalten – unserem Handeln, Denken und Reden – ist etwas, das wir nicht über Nacht lernen können. Es entwickelt sich vielmehr allmählich, und in dem Maße, in dem unsere Bewusstheit zunimmt, gewinnen wir schrittweise immer mehr Kontrolle über unser Verhalten.

Manche Leser erinnert dieses geistige Werkzeug vielleicht sehr an den Ratschlag »Hör auf dein Gewissen«, der in vielen religiösen Vorstellungen von ethischer Lebensführung eine wichtige Rolle spielt. Und tatsächlich gibt es viele Übereinstimmungen zwischen dem einen und dem anderen. In einigen Glaubenstraditionen gilt das Gewissen als ein kostbares Geschenk Gottes, das Menschen zu einzigartigen moralischen Kreaturen macht. Aus säkularer Sicht begreifen wir das Gewissen vielleicht als Produkt unserer biologischen Veranlagung als soziale Tiere oder aber als etwas, das wir durch unser familiäres und soziales Umfeld erwerben. Wie dem auch sei, jeder klar und verantwortlich denkende Mensch wird sicher bestätigen, dass das Gewissen in Bezug auf unser Moralempfinden eine zentrale Rolle spielt. Welches Verhältnis man zur Religion auch haben mag – der Gedanke an einen Menschen, der kein Gewissen hat – keine innere Stimme, die ihm sagt, was falsch ist, und kein moralisches Verantwortungsgefühl – ist zutiefst beängstigend.

Sich in Bewusstheit zu üben und auf sein Gewissen zu hören ist jedoch nicht das Gleiche. Dem buddhistischen Ethikkonzept ist die Vorstellung vom Gewissen als eigenständige geistige Fähigkeit fremd. Aber unabhängig davon ist es wichtig, dass wir uns pflichtbewusst und unserem Gewissen entsprechend verhalten. Ein so verstandenes Pflichtbewusstsein lässt sich mit zwei grundlegenden geistigen Eigenschaften, nämlich *Selbstachtung* und *Rücksichtnahme auf andere,* beschreiben.

Erstere, die Selbstachtung, beinhaltet ein Gefühl persönlicher Integrität, das Selbstbild eines Menschen, der bestimmte Werte hochhält. Wenn wir also versucht sind, etwas Schädigendes zu tun, fungiert unser Selbstbild als Kontrollinstanz, die uns sagt: »Das schickt sich nicht für mich.« Die zweite geistige Eigenschaft, Rücksichtnahme auf andere, beinhaltet, dass man einen gesunden Respekt vor der Meinung anderer hat, insbesondere vor ihrem möglichen Missfallen. Gemeinsam geben uns die beiden Faktoren ein zusätzliches Instrument an die Hand, das uns gegenüber einem falschen Handeln sensibilisiert und so als moralische Orientierungshilfe dienen kann.

DIE ETHIK DER TUGEND

Wenn es uns durch Gewissenhaftigkeit, Achtsamkeit und Bewusstheit gelingt zu vermeiden, dass wir andere im täglichen Leben mit Taten oder Worten verletzen, können wir damit beginnen, unsere Aufmerksamkeit stärker auf das Bemühen zu richten, aktiv Gutes zu tun, und das kann eine Quelle großer Freude und innerer Sicherheit sein. Wir können anderen aktiv Gutes tun, indem wir ihnen gegenüber warmherzig und großzügig sind, uns wohltätig erweisen und den Notleidenden helfen. Wenn andere also vom Unglück ereilt werden oder wenn sie Fehler machen, müssen wir ihnen, anstatt sie lächerlich zu machen oder sie zu verurteilen, die Hand reichen und ihnen unsere Hilfe anbieten. Wir können anderen mit Worten Gutes tun, indem wir sie loben, uns ihre Probleme anhören und ihnen mit Ratschlägen und Ermutigungen zur Seite stehen.

Es ist hilfreich, wenn wir anderen mit Worten und Taten Gutes tun wollen, uns in einer Haltung freudiger Anteilnahme an den Leistungen und am Glück anderer zu üben. Eine solche Haltung ist ein wirkungsvolles Gegenmittel gegen Neid und Missgunst, die nicht nur auf der individuellen Ebene unnötiges Leid verursachen können, sondern auch unsere Fähigkeit hemmen, anderen die Hand zu reichen und uns auf sie einzulassen. Tibetische Lehrer weisen oft darauf hin, dass freudige Anteilnahme die unaufwendigste Art ist, die eigenen Tugenden zu fördern.

DIE ETHIK DES ALTRUISMUS

Altruismus heißt, dass man das eigene Handeln und Reden in aufrichtiger Selbstlosigkeit in den Dienst anderer stellt. Alle religiösen Traditionen der Welt sehen darin die höchste Form ethischer Lebensführung, und viele betrachten den Altruismus als den wichtigsten Weg zur Befreiung oder zum Einswerden mit Gott.

Aber auch wenn das bedingungs- und selbstlose Eintreten für andere die höchste Form der ethischen Praxis ist, heißt das nicht, dass Altruismus nicht von jedem praktiziert werden könnte. Viele Menschen in Sozialberufen wie Sozialarbeit oder Gesundheitsversorgung oder auch Lehrtätigkeit sind mit der Realisierung dieser dritten ethischen Ebene befasst. Solche beruflichen Tätigkeiten, die täglich einen direkten positiven Beitrag zum Leben vieler Menschen leisten, sind wahrhaft edel. Aber es gibt auch für andere Menschen, die solche Berufe nicht ausüben, unzählige Möglichkeiten, durch ihre Lebensführung etwas Gutes für andere zu bewirken. Erforderlich ist dazu lediglich, dass wir den Dienst an anderen zu unserem höchsten Anliegen machen.

Ein wichtiger Aspekt dieses Dienstes an anderen besteht, wie gesagt, darin, dass wir zunächst einmal mit Hilfe unseres Urteilsvermögens die möglichen Folgen unseres Handelns abschätzen. Und wenn wir im täglichen Leben dann gewissenhaft, achtsam und bewusst sind, gewinnen wir allmählich die Herrschaft über unsere Taten und Worte. Das ist das wahre Fundament der Freiheit, und wenn wir eine solche Selbstbeherrschung erlangt haben und durch sie bewirken können, dass wir mit unserem Handeln auf keiner Ebene Schaden anrichten, können wir damit anfangen, aktiv etwas für das Wohl anderer zu tun.

9 DER UMGANG MIT DESTRUKTIVEN GEFÜHLEN

Wenn, wie ich behaupte, das menschliche Glück von unserem eigenen Geisteszustand abhängt, dann ist er auch für die wichtigsten Hindernisse verantwortlich, die sich diesem Glück in den Weg stellen. Der größte Hemmschuh für unser persönliches Wohlbefinden und für unsere Fähigkeit, ein spirituell erfüllendes Leben zu führen, ist unsere hartnäckige Neigung zu destruktiven oder quälenden Gefühlen. Solche Gefühle sind die eigentlichen Feinde unseres Glücks und die Ursache aller destruktiven Verhaltensweisen des Menschen. Es ist daher ein wesentliches Ziel der ethischen und spirituellen Praxis, sich mit diesen negativen Gefühlen auseinanderzusetzen.

Bevor ich aber ein paar praktische Vorschläge dazu mache, wie wir mit diesen destruktiven Neigungen umgehen und ihren Einfluss auf unsere täglichen Lebensgewohnheiten und Verhaltensweisen reduzieren können, muss ich auf die Frage eingehen, ob dies ein realistisches Ziel ist. Sind wir Menschen wirklich in der Lage, uns von innen heraus zu verändern?

DIE MÖGLICHKEIT ZUR SELBSTVERBESSERUNG

Die Religionen auf dieser Welt haben längst erkannt, dass wir die Fähigkeit haben, uns aus uns selbst heraus zu verändern. Es kann jedoch schwer sein, das Vorhandensein dieser Fähigkeit in einem rein weltlichen Zusammenhang nachzuweisen. Ein überzeugter Materialist könnte beispielsweise den Standpunkt vertreten, wir seien ausschließlich durch unsere Biologie geprägt oder, um einen modernen Begriff zu benutzen, in bestimmter Weise »fest verdrahtet«. Wenn man es so sieht, haben manche Menschen von Natur aus ein aufbrausendes Temperament, während andere von Natur aus eher sanftmütig sind; manche neigen ihrer natürlichen Veranlagung nach zum Optimismus, andere haben einen angeborenen Hang zum Depressiven. Ziehen wir in Betracht, dass wir viele unserer Charaktereigenschaften tatsächlich geerbt zu haben scheinen und dass destruktive Gefühle wie Wut, Hass und Neid in unserem Wesen angelegt sind, könnte es auch zutreffen, dass wir nichts daran ändern können. Wir könnten also glauben, dass es tatsächlich unmöglich ist, etwas an der geistigen Veranlagung, mit der wir geboren werden, zu ändern.

Könnten wir wirklich nichts an unseren Gefühlen ändern, so wären wir deren Sklaven. Doch insbesondere auf dem Gebiet der Psychologie und der Neurowissenschaften mehren sich die Beweise dafür, dass es möglich ist, unsere Gefühls- und Verhaltensmuster durch aktives Bemühen nachhaltig zu verändern. Natürlich bin ich, wie gesagt, kein Wissenschaftler. Ich diskutiere jedoch schon seit Jahren mit Wissenschaftlern über diese Themen und schließe aus diesen Gesprächen, dass die jüngste Entdeckung dessen, was man als »Formbarkeit des Gehirns« bezeichnet, eine wissenschaftliche Erklärung für die Möglichkeit einer grundlegenden Veränderung liefern könnte. Forscher haben herausgefunden, dass sich die Muster und Strukturen unseres Gehirns unter dem Einfluss unserer Erfahrungen verändern können und dies auch tun. Darüber hinaus ist die Wissenschaft heute in der Lage, das Zusammenspiel zwischen den

Hirnregionen, die für höhere kognitive Vorgänge wie das rationale Denken zuständig sind (im präfrontalen Kortex, einem Teil des Frontallappens, gelegen), und den Arealen, die, einschließlich der mandelförmigen Amygdalae, als limbisches System bezeichnet werden und mit unseren primitivsten instinktiven und emotionalen Reflexen assoziiert werden, zu beobachten. Aufgrund der neueren Erkenntnisse auf dem Gebiet der Neurowissenschaften haben viele Forscher begonnen, sich ernsthaft mit der Möglichkeit zu befassen, dass wir unsere emotionalen Instinkte bewusst trainieren können, indem wir buchstäblich die physischen Muster in unserem Gehirn verändern. Obwohl die Forschung auf diesem Gebiet noch in den Kinderschuhen steckt, sieht es so aus, als könne sie auch überzeugten Materialisten einen Grund zur Hoffnung liefern, der so stark ist wie der Glaube eines religiösen Menschen.

DIE WELT UNSERER GEFÜHLE

Interessanterweise kennt die klassische buddhistische mentale Wissenschaft, in der ich ausgebildet bin, kein Konzept der Emotion als eigenständiger Kategorie, die dem Konzept der Emotion der modernen westlichen Psychologie entsprechen würde. Es gibt auch weder im Sanskrit noch im klassischen Tibetisch eine genaue Entsprechung zu dem Wort »Emotion«. Vielmehr beinhalten dem Buddhismus zufolge alle mentalen Zustände bis zu einem gewissen Grad beide Dimensionen, die des Denkens und die des Fühlens, und sie umfassen fünf allgegenwärtige mentale Faktoren, und das »Fühlen« ist einer davon. Die anderen vier sind Unterscheidung, Wille, Aufmerksamkeit und Berührung. Der buddhistischen Auffassung zufolge sind selbst mit einem kognitiven Vorgang wie dem einfachen Zählen von eins bis zehn irgendwelche »Gefühle« oder ein »Gefühlston« verbunden, wobei es natürlich immer auf den jeweiligen Zusammenhang ankommt.

Innerhalb des Bereichs der menschlichen Emotionen gibt es verschiedene Wege zu bestimmen, welche mentalen Zustände destruktiv sind und welche nicht. Beispielsweise besteht in der klassischen buddhistischen Psychologie ein bedeutender Unterschied zwischen »quälenden« und »nicht quälenden« Geisteszuständen. Die quälenden Gedanken und Emotionen, im Tibetischen als *nyonmong*, im Sanskrit als *klesha* bekannt, sind Zustände wie Wut, Hass, Neid und Habgier, die unmittelbar zur Folge haben, dass unser inneres Gleichgewicht zerstört wird. Die moderne Wissenschaft hingegen unterscheidet vor allem zwischen positiven und negativen Emotionen: Positive Emotionen sind diejenigen, die man als freudig empfindet, negative Emotionen die, die sich einfach nicht gut anfühlen.

Angesichts dieser unterschiedlichen Sicht unserer emotionalen Welt ist es wichtig, die einzelnen Systeme der Einordnung von Gefühlen nicht miteinander zu vermengen. Beispielsweise umfasst das, was in der Wissenschaft als »negative Emotionen« definiert wird, quälende Geisteszustände wie Wut und Hass, aber auch Gefühle wie Traurigkeit, Kummer und Reue, die nicht per se quälend sein müssen. Wenn wir beispielsweise mit dem Tod eines geliebten Menschen konfrontiert werden, können Gefühle der Trauer und Bekümmerung durchaus konstruktiv sein. Auch wenn sie ganz sicher nicht angenehm sind, können sie uns helfen, mit dem Verlust fertigzuwerden, und insofern gut für uns sein.

Andererseits gibt es Gefühle, die wir als recht angenehm empfinden, die aber dennoch unseren inneren Frieden untergraben und darum schädlich für uns sein können. Beispielsweise ist es vorstellbar, dass jemand Freude empfindet, wenn er sich an einem Menschen rächt, der ihm Unrecht getan hat. Auf lange Sicht aber ist es falsch, solchen Gefühlen nachzugeben, weil es den Wunsch nach weiteren künftigen Racheakten schürt und langfristig gesehen negative Folgen für alle Beteiligten hat. Auch die zwanghafte Gier nach einem bestimmten Gegenstand kann lustvoll scheinen. Aber langfristig beeinträchtigt sie die Fähigkeit zu wahrer Zufriedenheit und geistigem Frieden und sollte daher als destruktiv eingestuft werden.

Im Rahmen eines säkularen Ethiksystems kann die Unterscheidung zwischen mentalen Zuständen, die dem Wohlbefinden schaden – unserem eigenen ebenso wie dem anderer –, und solchen, die dem Überleben und dem Wohlbefinden dienen, sehr hilfreich sein, weil sie von unmittelbarer Bedeutung für unser Streben nach Glück und einer ethisch soliden Lebensweise ist. Angesichts der Tatsache, dass die sozialen und kulturellen Umfelder, aus denen die Menschen stammen, sehr verschieden sind, können sich die Ansichten darüber, welche Zustände destruktiv und welche förderlich sind, in bestimmten Fällen unterscheiden. Insgesamt jedoch kann man die Kategorie der destruktiven Gefühle in zwei Untergruppen unterteilen: Zu der einen Gruppe gehören Gefühle, die per se destruktiv sind wie beispielsweise Hass, Neid, Boshaftigkeit und Beklommenheit, zur zweiten solche, die nur dann einen destruktiven Charakter annehmen, wenn sie, gemessen an der Situation, aus der sie entstanden sind, unverhältnismäßig heftig sind. Grundsätzlich können wir destruktive Gefühle demnach als Zustände definieren, die unser Wohlbefinden beeinträchtigen, indem sie eine innere Unruhe auslösen, die unsere Selbstbeherrschung schwächt und uns unserer geistigen Freiheit beraubt.

Aus biologischer Sicht haben all unsere elementaren Gefühle offenbar einen evolutionären Zweck. Verhaftetheit befähigt uns beispielsweise, Bindungen aufzubauen und einzugehen; Wut hilft uns, Kräfte abzuwehren, die unser Überleben und unser Wohl gefährden; Angst versetzt uns in die Lage, mit besonderer Wachsamkeit auf eine Bedrohung zu reagieren; und Neid stachelt uns an, mit anderen zu konkurrieren und unsere eigenen Bedürfnisse nicht zu übersehen. Dass diese elementaren Gefühle eine eindeutig biologische Funktion haben, ist wissenschaftlich erwiesen. Wenn uns beispielsweise eine unmittelbare Gefahr droht und Angst in uns aufsteigt, fließt vermehrt Blut in die Beine, der Adrenalinspiegel steigt, und das Herz schlägt schneller; das heißt, dass uns das Gefühl der Angst buchstäblich darauf vorbereitet, die Flucht zu ergreifen. Wutgefühle bewirken hingegen, dass die Arme vermehrt durchblutet werden, was uns darauf vorbereitet, uns der Bedrohung zu stellen. Diese Gefühle sind also nicht per se destruktiv, sondern, und das ist wichtig, nur dann, wenn sie unverhältnismäßig heftig für eine bestimmte Situation oder dem Anlass nicht angemessen sind.

Was das Verhaftetsein betrifft, das schließlich das Gefühl ist, das Familien und Gemeinschaften zusammenhält, so halten wir es im Allgemeinen nicht für destruktiv. Doch wenn dieses elementare Gefühl überschießt, sodass der Betreffende danach strebt, sein Objekt zu beherrschen, wird es zu einer destruktiven Kraft. Das Gleiche gilt für das Begehren, das an sich nicht destruktiv ist. Ohne Begehren würde die Menschheit aufhören zu existieren! Begehren ist das Gefühl, das viele unserer täglichen Aktivitäten antreibt – vom Aufstehen am Morgen über das Essen und Arbeiten bis zur Verfolgung unserer kurz- und langfristigen Ziele im Leben.

Auf ähnliche Weise ist auch der Zorn nicht zwangsläufig destruktiv. Es kann beispielsweise vorkommen, dass aus großem Mitgefühl ein ebenso starkes Gefühl der Empörung über eine Ungerechtigkeit – also Zorn – entsteht. In diesem Fall kann der Zorn bewirken, dass wir uns stärker konzentrieren und einen regelrechten Schub an Energie und Entschlossenheit erleben, sodass es uns leichter fällt, etwas zu unternehmen und das zu erreichen, was wir zu Recht anstreben. Wenn sich unser Zorn aber über diese praktische Funktion hinaus steigert, ist die Energie, die er uns verleiht, zum größten Teil nicht hilfreich. Jeder von uns war wahrscheinlich schon einmal das Ziel des Zorns anderer Menschen und kennt dessen unangenehme Folgen.

Im Gegensatz zum Zorn, der zumindest in manchen Situationen ein konstruktives Element haben kann, ist Hass niemals konstruktiv, sondern immer destruktiv.

Angst dagegen ist, wie der Zorn, nicht zwangsläufig destruktiv. Angst macht uns wachsam und schützt uns vor Gefahren. Sie ist ein starker Motivationsfaktor und zwingt uns, vorsichtig zu sein und auf unser Wohlbefinden zu achten. Übertriebene Angst kann jedoch lähmend wirken und zu einem außerordentlich destruktiven Geisteszustand werden. Sie kann sich überdies zu einem dauerhaften Zustand allgemeiner Beklommenheit entwickeln, der unserer Gesundheit schadet. Ich unterscheide daher oft zwischen vernünftiger und unvernünftiger Angst. Erstere ist nicht nur gerechtfertigt, sondern sogar zu unserem eigenen Überlebensschutz notwendig. Wenn beispielsweise ein tollwütiger Hund auf uns zustürzt, müssen wir auf diese Gefahr selbstverständlich mit Angst reagieren. Unvernünftig ist Angst dagegen dann, wenn die Bedrohung vorwiegend durch unsere eigene innere Projektion entsteht. Diese Art von Furcht müssen wir in Schach halten, denn sie ist vollkommen sinnlos und oft destruktiv. Um unvernünftiger Angst etwas entgegensetzen zu können, müssen wir lernen, die jeweilige Situation besser zu verstehen.

Dieser duale Aspekt der Gefühle – dass sie alle sowohl destruktive als auch nicht destruktive Seiten haben – lässt sich auch bei anderen mentalen Zuständen wie Zweifel, Scham, Trauer, Konkurrenz und sogar unserem Ego-Gefühl selbst feststellen. Zweifel ist der geistige Faktor, der uns in die Lage versetzt nachzufragen, um etwas zu verstehen. Ich bin sogar der Meinung, dass ein gewisses Maß an Skepsis gesund ist, weil es die Bereitschaft in uns weckt, Fragen zu stellen und uns neues Wissen anzueignen. Wenn der Zweifel jedoch krankhaft wird, kann er uns lähmen und handlungsunfähig machen. Das Gleiche gilt für Scham. Grundsätzlich ist Scham ein wichtiges Gefühl, das eine konstruktive Rolle im Zusammenleben der Menschen spielt; übersteigerte Scham kann jedoch zu einer niedrigen Selbstachtung und negativen Selbsteinschätzung führen, was eindeutig nicht konstruktiv ist. Was das Gefühl der Trauer oder des Kummers betrifft, so ist es in manchen Situationen konstruktiv und hat eine positive Wirkung. Wenn es sich aber verselbständigt und zu einer Art geistiger Gewohnheit wird, kann es außerordentlich destruktiv sein. Das ist etwa der Fall, wenn es sich als ichbezogener Gram oder als Depression äußert.

Auch Konkurrenz kann konstruktiv sein, etwa wenn uns der Konkurrenzgedanke antreibt, nach Besserem und Höherem zu streben. Wenn das Konkurrenzdenken jedoch dazu führt, dass wir andere herabsetzen oder kleinmachen wollen, um sie übertrumpfen zu können, wird es destruktiv.

Beim Egoismus sind ebenfalls zwei Formen zu unterscheiden. Ein starkes Ego kann konstruktiv sein, weil es die Grundlage für Selbstvertrauen bildet – den Geisteszustand, der uns das Gefühl vermittelt: »Ja, ich kann das.« Eine andere Form von Egoismus tritt hervor, wenn uns unsere eigenen Interessen so wichtig sind, dass wir das Wohl der anderen vollkommen aus den Augen verlieren und sogar bereit sind, andere auszubeuten, um selbst einen Nutzen davonzutragen. Diese Form von Egoismus ist eindeutig destruktiv.

Wenn wir es also mit so komplizierten Dingen wie den mentalen Prozessen beim Menschen zu tun haben, sollten wir uns davor hüten, allzu dogmatisch zu sein. Ohne die Zusammenhänge zu kennen, ist es schwierig, wenn nicht unmöglich, zu sagen, ob ein bestimmter Geisteszustand destruktiv oder konstruktiv ist. Diese Unterscheidung können wir oft nur treffen, wenn wir die zugrunde liegende Motivation, das spezifische Objekt des Gefühls, seine Auswirkungen und so weiter berücksichtigen. Wenn es um den menschlichen Geist geht, sollte unsere Einstellung unvoreingenommen, pragmatisch und flexibel sein.

WAS DESTRUKTIVE GEFÜHLE GEMEINSAM HABEN

Eine Eigenschaft, die alle destruktiven Gefühle charakterisiert, ist die Tendenz, unsere Wahrnehmung der Wirklichkeit zu verfälschen. Sie verengen unsere Perspektive, sodass wir eine gegebene Situation nicht mehr in ihrem größeren Zusammenhang sehen können. Wenn wir beispielsweise eine übersteigerte Form des Verhaftetseins empfinden – ein starkes Gefühl des Verlangens, der Wollust oder der Gier beispielsweise –, dann projizieren wir oft eine Anziehungskraft auf das Objekt unserer Begierde, die es gar nicht besitzt. Wir werden sogar für ziemlich offensichtliche Unzulänglichkeiten blind und klammern uns so besessen fest, dass eine innere Unsicherheit entsteht, das Gefühl, wir *müssten* dieses Objekt unserer Begierde haben, weil wir sonst unvollständig seien.

Mit übersteigerter Verhaftetheit ist oft auch der Wunsch verbunden, das Objekt der Begierde zu beherrschen, was ausgesprochen erdrückend sein kann, wenn es sich bei diesem Objekt um einen Menschen handelt. Aus diesem Grund ist eine übersteigerte Verhaftetheit ihrem Wesen nach instabil. In dem einen Moment empfinden wir vielleicht eine große Liebe für etwas oder jemanden, doch wenn dann unser Wunsch nach Kontrolle nicht erfüllt wird, verkehrt sich die Liebe leicht in Unmut oder gar in Hass.

Ein ähnlicher Verlust der Perspektive kennzeichnet übersteigerte oder sehr starke Gefühle des Widerwillens wie Wut, Hass, Verachtung, Feindseligkeit oder Bosheit. Wenn uns beispielsweise eine heftige Wut packt, erscheint uns das Objekt unserer Wut rundum negativ, obwohl wir in Augenblicken der Besonnenheit vielleicht durchaus erkennen, dass diese Person oder dieses Ding viele positive Eigenschaften hat. Das übersteigerte Gefühl trübt unser Urteilsvermögen. Wir verlieren die unmittelbaren und die langfristigen Folgen unseres Handelns aus dem Blick und sind daher nicht mehr in der Lage, zwischen Richtig und Falsch zu unterscheiden. Für einen Augenblick werden wir buchstäblich verrückt und können nicht mehr so handeln, wie es zu unserem eigenen Besten wäre. Und wie oft bedauern wir hinterher, wenn sich der Aufruhr der Gefühle gelegt hat, was wir im Zorn getan oder gesagt haben!

Vor einigen Jahren habe ich mich in Schweden lange mit Aaron Beck unterhalten. Er ist einer der Begründer der kognitiven Verhaltenstherapie, einem Hauptzweig der modernen Psychotherapie, der vor allem in der Behandlung von Verhaltensstörungen und Depressionen große Erfolge erzielt hat. Als wir uns trafen, war Aaron Beck Anfang achtzig. Ich fand es ausgesprochen interessant, wie nah viele seiner Beobachtungen den Erkenntnissen der klassischen buddhistischen Psychologie kamen. Er sagte beispielsweise, dass fast neunzig Prozent der abstoßenden Eigenschaften, die wir im Zustand heftiger Wut im Objekt unseres Grolls sehen, auf Übertreibung und Projektion zurückgehen. Sehr ähnliche Aussagen finden sich in der klassischen buddhistischen Literatur.

Entscheidend ist, dass all diese quälenden mentalen Zustände auf die eine oder andere Weise unseren Blick trüben, indem sie unser Wahrnehmungsvermögen beeinträchtigen. Sie nehmen uns unsere rationale Urteilsfähigkeit. Insofern könnte man sagen, dass sie uns unseres Verstandes berauben.

DIE GEFÜHLSFAMILIEN

Wenn wir unsere destruktiven Gefühle verstehen wollen, ist es hilfreich, sie als miteinander verbundene Familiengruppen zu betrachten, die sich durch den Geisteszustand unterscheiden, der den jeweiligen Gefühlen zugrunde liegt. Die Gefühle der Wutfamilie beispielsweise, zu der etwa Hass, Feindseligkeit und Bosheit gehören, sind durch einen übersteigerten Widerwillen charakterisiert, während die Gefühle der Verhaftetheitfamilie wie Gier, Wollust oder Verlangen durch ein ebenso übersteigertes Gefühl der Anziehung gekennzeichnet sind. Die anderen Familien quälender Gefühle – Neid, Stolz und Zweifel – umfassen eine Mischung aus übersteigerter Anziehung einerseits (wie beim Stolz die übertriebene Verhaftetheit mit einem verblendeten Selbstbild) und übersteigertem Widerwillen andererseits (wie beim Neid die übertriebene Feindseligkeit gegenüber einem Konkurrenten). Wie wir bereits gesehen haben, sind alle quälenden Gefühle zusätzlich zu diesem Element übersteigerten Widerwillens oder übersteigerter Anziehung oder einer ungesunden Mischung aus beidem dadurch charakterisiert, dass sie unsere Wahrnehmung der Wirklichkeit trüben oder verzerren.

Neid ist eine recht komplexe Gefühlsfamilie, denn er gründet sich zwar auf Verhaftetheit und Anziehung, enthält aber auch starke Elemente der Wut, der Feindseligkeit und des Widerwillens. Neuere Erkenntnisse auf dem Gebiet der Glücksforschung besagen, dass vor allem in den reichen Industrienationen eine der Hauptursachen der Unzufriedenheit im Hang der Menschen liegt, sich mit anderen zu vergleichen. Und darauf läuft das Problem des Neides im Wesentlichen hinaus.

Die Gefühlsfamilie des Stolzes oder der Arroganz, die destruktive Haltungen wie Einbildung, Voreingenommenheit und sogar zwanghafte oder übertriebene Befangenheit umfasst, beinhaltet ebenfalls eine Mischung aus Anziehung und Widerwillen: Anziehung beispielsweise hin zu einem unrealistischen oder verblendeten Selbstbild und Widerwillen oder Geringschätzigkeit gegenüber allem, was dieses geliebte Selbstbild ins Wanken bringen könnte. Die Verhaftetheit mit einem überhöhten Selbstbild, ob es sich nun auf gesellschaftlichem Status, Leistung oder Herkunft gründet, kann zu einem respektlosen Verhalten anderen gegenüber verleiten, und ein solches Verhalten schadet nicht nur anderen, sondern auch uns selbst.

Und schließlich ist da noch die Gefühlsfamilie des Zweifels, zu der destruktive Haltungen wie Beklommenheit oder übertriebene Schuldgefühle gehören. Sie wurzeln in einer permanenten Angst und in einem unrealistischen Selbsthass, beides Gefühle, die unsere Fähigkeit, mitfühlend zu sein, stark beeinträchtigen. Gefühle aus der Familie des quälenden Zweifels können unserem Wohlbefinden daher außerordentlich abträglich sein.

Das also sind die destruktiven Gefühle, die dem Wohl der Menschen meiner Meinung nach am stärksten im Wege stehen – unserem eigenen Wohl ebenso wie dem der Menschen um uns herum und letztlich dem der Welt, in der wir alle leben. Diese Gefühle untergraben unsere Fähigkeit, positive ethische Werte wie Mitgefühl im täglichen Leben umzusetzen. Erst wenn wir die negativen Auswirkungen solcher destruktiven Gefühle in ihrem ganzen Ausmaß erkennen und zeigen, wie sinnlos und untauglich sie als Reaktion auf die Wirklichkeit sind, werden wir in der Lage sein, erfolgreich gegen sie anzukämpfen.

Zur Steuerung unserer destruktiven Gefühle müssen wir bei unserer inneren Entwicklung zweigleisig verfahren. Zum einen müssen wir versuchen, den Einfluss des destruktiven Potenzials, das uns innewohnt, zu vermindern, und zum anderen müssen wir uns bemühen, die positiven Eigenschaften, die ebenfalls in unserem Wesen angelegt sind, zu verstärken. Dieser zweigleisige Weg des geistigen Trainings ist in meinen Augen der Kern wahrer spiritueller Praxis.

EINE HALTUNG EINNEHMEN

Bevor wir anfangen, uns mit den destruktiven Gefühlen auseinanderzusetzen, müssen wir ihnen gegenüber erst einmal eine allgemeine Haltung einnehmen: eine Haltung des Widerstands.

Eine solche Haltung schließt die Erkenntnis ein, dass das Gesetz des Gegensatzes, demzufolge das Negative durch das Positive aufgehoben oder neutralisiert wird, nicht nur für die physische Welt gilt, sondern auch für die innere oder geistige Welt. In den großen Weisheitstraditionen finden sich eindeutige Lehren sowohl über die Geisteszustände, von denen wir uns befreien müssen, als auch über die Notwendigkeit, ihre Gegenmittel herauszubilden und anzuwenden. Wenn es keine Kraft gibt, die unseren destruktiven Gefühlen entgegengesetzt ist, können wir nichts gegen sie tun. Wenn jedoch ihnen widerstehende, positive Kräfte vorhanden sind, können diese zu einem wirkungsvollen Gegenmittel werden. Geduld ist beispielsweise das wichtigste Gegenmittel gegen die Wut, Zufriedenheit wirkt gegen Gier, Mut gegen Angst, Verständnis gegen Zweifel.

Um eine wirkungsvolle Widerstandshaltung gegen negative Gefühle einnehmen zu können, müssen wir vor allem auch ein tiefes Verständnis von ihrer destruktiven Natur entwickeln und der Überzeugung sein, dass wir bestrebt sein können und sollten, sie zu überwinden. Diese Überzeugung schafft die Grundlage für die dauerhafte Entschlossenheit, etwas gegen die negativen Gefühle zu tun. Diesen Aspekt der Grundhaltung können wir herausbilden, indem wir dem destruktiven Einfluss, den solche Gefühle auf unser eigenes Leben und auf das Leben anderer haben, mitfühlende Beachtung schenken. Wir können darüber nachdenken, dass solche Gefühle – etwa Hass und Gier – nicht nur die Ursache vieler persönlicher Probleme sind, sondern dass sie letztendlich auch für viele unserer gemeinsamen Probleme wie Kriege, Armut und Umweltzerstörung verantwortlich sind. Bereits indem wir gegenüber unseren destruktiven Gefühlen eine Haltung des Widerstands einnehmen, bewirken wir ganz konkret etwas, weil wir dadurch in uns ein Gefühl der Wachsamkeit erzeugen, das uns einen entscheidenden Schutz bietet, wenn uns solche starken Gefühle befallen. Es ist also sehr wichtig, dass wir die negativen Auswirkungen aller unserer besonders hartnäckigen destruktiven Tendenzen genau betrachten.

Wenn sich unser Geist auch nur für kurze Zeit in einem so destruktiven Gefühl wie dem Hass verliert, kann es geschehen, dass wir furchtbare Dinge tun und sagen. Der Schaden, den ein kurzer Moment des abgrundtiefen Hasses anrichten kann, ist immens. Im Buddhismus wird der menschliche Geist oft mit einem wilden Elefanten verglichen. Wie viele Bauern wissen, kann ein Elefant, der aufgeregt und gereizt ist, gewaltige Verwüstung anrichten. Aber ein ungebärdiger, ruheloser menschlicher Geist, der für Wutausbrüche, Bosheit, zwanghaftes Begehren, Neid oder Arroganz anfällig ist, kann noch viel zerstörerischer sein als ein tobender Elefant, er kann Leben zerstören.

Um den ungeheuer starken destruktiven Gefühlen, die uns allen innewohnen, etwas entgegensetzen zu können, müssen wir unsere Aufgabe mit Begeisterung und Entschlossenheit angehen. Die Begeisterung entsteht weitgehend dadurch, dass wir uns den negativen Einfluss dieser Gefühle vor Augen halten. Sie sind in Augenblicken starker Gefühlsregungen nicht nur ungeheuer zerstörerisch; sie können auch eine schleichende zersetzende Wirkung auf unser inneres Wohlbefinden haben. Ganz sicher untergraben sie schrittweise unsere innere Ruhe, rauben uns unsere geistige Freiheit und verhindern, dass wir unser mitfühlendes Wesen zum Ausdruck bringen, das doch die Quelle unseres größten Glücks ist. Man könnte sogar so weit gehen zu sagen, dass Hass die Wurzel aller Gewalt und Zerstörung in der Welt ist. Die zerstörerischen Folgen des Hasses lassen sich im persönlichen Bereich, in der Familie und auf globaler Ebene beobachten.

Darum ermuntere ich die Menschen dazu, regelmäßig über das destruktive Wesen solcher Gefühle nachzudenken. Auf dieses Thema komme ich im letzten Kapitel dieses Buches zurück, wo ich ein paar einfache geistige Übungen beschreibe, die dabei helfen können, den Geist zu trainieren und die Überzeugung zu entwickeln, dass es notwendig ist, solche Gefühle zu überwinden.

DIE URSACHEN DES LEIDS VERSTEHEN

Nachdem wir eine feste Entschlossenheit entwickelt haben, unsere destruktiven Gefühle ernsthaft anzugehen, können wir uns ihren Ursachen zuwenden. Woher kommen diese störenden Gefühle? Nun ja, könnten wir antworten, sie kommen von der Welt, in der wir leben, und von anderen, die uns Unrecht zufügen! Wenn die anderen nicht wären, hätten wir, so denken wir vielleicht, keinen Grund, aggressiv, feindselig oder ängstlich zu sein.

Diese Reaktion – äußere Bedingungen für unsere Probleme verantwortlich zu machen – ist ganz natürlich, vor allem, wenn wir es nicht gewohnt sind, den geistigen Vorgängen in uns Beachtung zu schenken. Wir neigen dazu, den Störenfried außerhalb von uns selbst zu suchen. Wenn wir uns jedoch eingehender damit befassen, stellen wir fest, dass der wahre Störenfried in uns selbst zu finden ist; unsere eigentlichen Feinde sind unsere destruktiven Neigungen. Denn wenn die eigentliche Ursache unserer Probleme in äußeren Umständen liegen würde, dann müssten auch zehn Menschen, die mit der gleichen äußeren Situation konfrontiert sind, in übereinstimmender Weise auf sie reagieren. Dass dies nicht der Fall ist, wissen wir. Wie wir emotional auf eine gegebene Situation reagieren, hängt weitestgehend von unserer eigenen Perspektive, unserer inneren Einstellung und unseren emotionalen Gewohnheiten ab.

Wenn wir – als Schritt hin zur Entwicklung eines ruhigen Geistes – lernen wollen, unsere Gefühle bis zu einem gewissen Grad zu beherrschen, setzt das voraus, dass wir an die Welt und die Probleme, die sich uns stellen, mit Bedacht und vor allem mit realistischem Blick herangehen. Nehmen wir beispielsweise die Wut. Nützt es je etwas, wenn wir wütend werden? Können wir, wenn wir einen feindseligen Nachbarn haben, der uns ständig provoziert, das Problem lösen, indem wir wütend werden? Mehr noch: Wenn wir zulassen, dass Wut und Feindseligkeit in uns brodeln, so zehrt das auf Dauer an uns, verdirbt uns die Laune, beeinträchtigt unseren Schlaf und sogar unseren Appetit. Und wenn das passiert, hat unser feindseliger Nachbar tatsächlich so etwas wie einen Sieg davongetragen!

Wer sich so verhält, ist ein Narr, denn er quält sich selbst. Wenn es uns dagegen gelingt, unsere geistige Ruhe zu bewahren, ein normales Leben zu führen und vor allem unseren sozialen Verpflichtungen weiter nachzukommen, können wir viel besser entscheiden, welches der richtige Weg ist, um mit solchen Situationen umzugehen. Tatsache ist, dass uns im Zustand innerer Erregung kaum etwas richtig gelingt – selbst einen Nagel gerade in die Wand zu schlagen, kann dann zum Problem werden.

Durch Nachdenken beginnen wir also zu verstehen, dass es falsch ist, die Ursache unserer störenden Gefühle ausschließlich in den Dingen oder Menschen zu sehen, die sie in uns auslösen.

Wenn wir ein wenig Abstand nehmen und uns Zeit zum Nachdenken lassen, stellen wir fest, dass unser Ärger und unsere Frustration im Grunde ziemlich realitätsfern und gemessen an der Situation oft reichlich übertrieben sind, auch wenn unser Groll eine gewisse Berechtigung haben mag. Möglicherweise stellen wir auch fest, dass sich diese störenden Gefühle immer wieder einstellen, nicht nur als Reaktion auf äußere Faktoren, sondern auch, weil sie zu einer Art emotionaler Gewohnheit für uns geworden sind.

Wenn wir anfangen, die Dinge aus dieser Perspektive zu betrachten, können wir allmählich auch erkennen, dass sich destruktive Gefühle automatisch ausweiten – je mehr wir uns ihnen überlassen, umso stärker werden sie. Um solche destruktiven, sich selbst verstärkenden Gefühle in realistischer Weise anzugehen, müssen wir unsere Aufmerksamkeit auf unsere geistigen Gewohnheiten richten. Statt anderen und der Welt, die uns umgibt, die Schuld zu geben, sollten wir erst einmal in unser eigenes Inneres schauen.

Shantideva, ein buddhistischer Denker aus dem 8. Jahrhundert, hat dies in einer Erörterung über die Wut sehr schön verdeutlicht. Wenn wir unsere Füße vor Verletzungen durch spitze Dornen schützen wollten, sagt er, wäre es töricht, wenn wir die ganze Welt mit Leder bedecken würden. Viel leichter und zudem viel wirkungsvoller sei es, unsere eigenen Fußsohlen mit Leder zu bedecken. Genauso sei es falsch zu glauben, wir könnten unsere Wut loswerden, indem wir versuchen, alles in der Welt, was uns zornig macht, zu verändern. Stattdessen sollten wir zusehen, dass wir uns selbst verändern.

Was die Wut für ihr Fortbestehen vor allem braucht, ist unsere innere Unzufriedenheit, also einen Zustand latenter Verärgerung oder fehlenden Behagens, den wir im Tibetischen als *yi mi-dewa* bezeichnen. Gemeint ist damit ein allgemeines Grundgefühl geistiger Verstimmtheit, das uns empfänglich macht für destruktive Gefühle, vor allem für Wut. Eine solche innere Unzufriedenheit ist der Treibstoff, den destruktive Gefühle wie Wut und Feindseligkeit benötigen. Und ebenso wie es effizienter ist, Brandschäden zu vermeiden, indem man den zündenden Funken erstickt, statt zu warten, bis alles in Flammen steht, kann man am wirkungsvollsten verhindern, dass destruktive Gefühle Schaden anrichten, wenn man etwas gegen die der Unzufriedenheit zugrunde liegenden Ursachen tut, bevor sich die daraus entstehenden Gefühle voll entfaltet haben.

EMOTIONALE AUFMERKSAMKEIT

Wenn wir uns von unseren destruktiven Neigungen befreien wollen, müssen wir sie als Erstes genau betrachten und analysieren. Denn es reicht nicht, sie einfach nur zu unterdrücken. Unsere emotionalen und seelischen Gewohnheiten können sehr tief sitzen und haben sich oft im Laufe vieler Jahre entwickelt. Wenn wir solche Gefühle daher in uns einschließen, anstatt uns ehrlich damit auseinanderzusetzen, kann sich das ausgesprochen kontraproduktiv auswirken. Denn wenn wir Gefühle nicht beachten oder unterdrücken, kann es passieren, dass sie immer stärker werden, bis sie plötzlich wie ein Hochwasser führender Fluss, der über seine Ufer tritt, hervorbrechen und sich in negativem Denken und Verhalten Luft machen. Anstatt also unsere destruktiven Gefühle zu unterdrücken, müssen wir offen und ehrlich gegen uns selbst sein und uns aufmerksam ansehen, was sie auslöst, welche Empfindungen sie in uns bewirken und welches Verhalten sie hervorrufen. Dieses nach innen gerichtete aufmerksame Beobachten der Gefühle und der Art, wie sie in uns aufsteigen und sich in unserem Verhalten offenbaren, bezeichne ich als emotionale Aufmerksamkeit. Und nur indem wir uns in dieser Aufmerksamkeit üben – indem wir den Blick direkt auf unsere destruktiven Neigungen richten und sie gründlich prüfen –, können wir allmählich lernen, quälende Gefühle zu beherrschen.

Auch hier lohnt es sich, unser Verhalten unter dem Aspekt der drei Dimensionen zu betrachten – auf der Ebene des physischen Handelns, des Redens und vor allem des Denkens. Wenn es uns gelingt, diesen drei Aspekten unserer Erfahrung und unseres Verhaltens dauerhaft eine nach innen gerichtete Aufmerksamkeit zu schenken, können wir Schritt für Schritt die emotionale Aufmerksamkeit entwickeln, die uns helfen wird, unsere negativen Impulse zu beherrschen.

ACHTSAMKEIT

Es ist zwar ungemein förderlich, aber anfangs auch erstaunlich schwierig, aufmerksam auf unsere Gefühle zu achten. Manchmal scheint es sogar unmöglich zu sein, Gefühle in dem Moment zu erkennen, in dem sie aufkommen. Das liegt vor allem daran, dass sie so schnell sind und in der Sekunde ihrer Entstehung unser ganzes Bewusstsein zu beherrschen scheinen. Die Folge ist, dass uns verborgen bleibt, auf welche Weise sie sich entfalten. Solche Schwierigkeiten sind ganz natürlich, und wir sollten uns durch sie nicht entmutigen lassen, sondern uns vielmehr in Erinnerung rufen, dass sich emotionale Aufmerksamkeit allmählich und mit ausdauernder Geduld entwickelt. Aus diesem Grund können wir nicht direkt damit beginnen, uns mit unseren Gefühlen auseinanderzusetzen, sondern wir müssen uns zuerst den Verhaltensweisen zuwenden, in denen sie sich nach außen hin zeigen.

In diesem Zusammenhang ist es hilfreich, sich das Einsetzen eines destruktiven Gefühls als eine Kausalkette vorzustellen, an deren Anfang ein äußerer Reiz und an deren Ende unsere Verhaltensreaktion darauf steht. Ziel der emotionalen Aufmerksamkeit ist es, unsere Achtsamkeit in diesen Prozess, der sich im Bruchteil einer Sekunde abspielt, mit einzubringen und ihn dadurch bis zu einem gewissen Grad zu beherrschen.

Stellen wir uns beispielsweise vor, eine Tür fällt krachend ins Schloss. Darauf folgt die Wahrnehmung des Reizes durch unsere Sinne, durch Hören, Sehen, vielleicht auch Fühlen. Das Geschehen ist ursprünglich rein physischer Art und frei von jeglicher Interpretation. Doch diese tritt weniger als eine Tausendstelsekunde später auf den Plan. Hier kommt oft ein Element der Projektion oder der Übertreibung ins Spiel: das im Bruchteil einer Sekunde gefällte Urteil, Soundso habe die Tür in beleidigender Absicht zugeschlagen. Der Interpretation auf dem Fuß folgt die emotionale Reaktion, vielleicht in Form von Wut, Verärgerung oder Gereiztheit. Und schließlich stellt sich, oft ebenfalls sehr schnell, die Verhaltensreaktion ein: Wir machen unserem Ärger Luft, indem wir etwas tun oder sagen.

Wenn wir diese Kausalkette erst einmal verstanden haben, geht es darum, ihren Ablauf zu unterbrechen, indem wir »uns fangen« und den Faktor Aufmerksamkeit in den Prozess einbringen. Im Allgemeinen ist dies anfangs am leichtesten gegen Ende des Prozesses – zwischen der emotionalen Reaktion und ihrem Ausdruck im Verhalten. Wenn wir vertrauter sind mit dem Prozess und schon ein gewisses Maß an emotionaler Aufmerksamkeit entwickelt haben, können wir uns in der Kausalkette nach vorne arbeiten, bis wir so weit sind, dass wir das destruktive Gefühl gänzlich bezwingen oder auflösen können.

SICH FANGEN

Unser erstes Bemühen sollte sich also darauf richten, dafür zu sorgen, dass sich unsere destruktiven Gefühle nicht in körperliches oder verbales Handeln umsetzen. Ziel ist es dabei, dass wir uns fangen, bevor wir explodieren, und dass wir uns in Zurückhaltung üben. Dazu fällt mir die bekannte tibetische Geschichte von Ben Gungyal ein, einem ehemaligen Dieb, aus dem ein spiritueller Lehrer wurde. Eines Tages war er zu Besuch im Haus eines Bekannten, als dieser ihn für kurze Zeit allein ließ. Das Stehlen war Ben Gungyal so sehr zur Gewohnheit geworden, dass sich seine rechte Hand wie von selbst ausstreckte, um irgendetwas an sich zu nehmen. In diesem Augenblick fing er sich, packte im wörtlichen Sinne seinen rechten Arm mit der Linken und schrie: »Ein Dieb! Ein Dieb ist hier!«

Wenn wir lernen wollen, uns zu fangen, ist es hilfreich zu beobachten, wie sich unsere destruktiven Gefühle körperlich auf uns auswirken. Wie fühlen wir uns beispielsweise in dem Moment, in dem Ärger in uns aufsteigt? Verändert sich unser Herzschlag? Spüren wir eine Anspannung im Gesicht? Spannen wir die Arm- oder die Schultermuskeln an? Oder was spüren wir, wenn wir etwas sehen, das uns abstößt? Gibt es irgendwo im Körper eine Muskelspannung? Und von welchen Empfindungen sind Eifersucht und Neid begleitet? Spüren wir diese im Bauch oder in der Brust?

So wie wir lernen, die physischen Ausdrucksformen unserer

Gefühle zu erkennen, können wir versuchen, auch die physischen und mentalen Reaktionen auf diese Empfindungen zu beobachten. Handeln wir auf eine bestimmte Weise, sagen wir bestimmte Dinge, gehen uns diese oder jene Gedanken durch den Kopf? Fassen wir uns an die Stirn, oder ballen wir die Fäuste? Spüren wir vielleicht den Drang herumzulaufen oder stehenzubleiben, oder fühlen wir uns einfach nur zappelig? Verändert sich unser Tonfall, wenn wir uns aufregen? Wird unsere Stimme vielleicht lauter oder schriller? Kommen uns die Worte schneller in den Sinn? Wirkt sich das Gefühl auf das aus, was wir tun oder sagen, wenn wir bei dessen Aufkommen gerade mit etwas beschäftigt sind oder mit jemandem reden?

Indem wir auf solche Details achten, werden wir vertrauter mit unseren emotionalen Zuständen, und das wiederum versetzt uns in die Lage, sie besser zu beherrschen. Manchmal genügt es, von diesen emotionalen Zuständen Abstand zu nehmen, um sie zum Abklingen zu bringen.

Wenn wir erst einmal vertraut mit dem Prozess sind und gewisse Erfolge beim Zurückhalten unserer Verhaltensreaktionen erzielt haben, können wir in der Kausalkette einen Schritt zurückgehen und versuchen zu verhindern, dass das Gefühl überhaupt ein explosives Stadium erreicht. Wir können, mit anderen Worten, lernen uns zu beruhigen, sobald uns bewusst wird, dass sich eine starke Gefühlsaufwallung ankündigt. Das können wir beispielsweise dadurch erreichen, dass wir ein paarmal tief durchatmen oder dass wir unsere Gedanken einfach von der Reizquelle ablenken. Vielleicht gelingt es uns aber auch, die betreffende Situation in einem positiveren Licht zu sehen, wie es zum Beispiel einem palästinensischen Jungen gelungen ist, der gelernt hat, in den Gesichtern der Soldaten an den israelischen Kontrollpunkten das Ebenbild Gottes zu sehen.

Manchmal kann es helfen, heftige negative Gefühle abzubauen, wenn wir eine gegebene Situation, und sei sie noch so tragisch, im Zusammenhang ihrer vielen Ursachen und Bedingungen betrachten. Ebenso hilfreich ist es, sich die Situation aus verschiedenen Blickwinkeln anzusehen, denn was aus der einen Perspektive wie eine Tragödie aussieht, kann, aus einem anderen Winkel betrachtet, durchaus auch positive Aspekte aufweisen.

Je vertrauter wir mit dieser Vorgehensweise werden, umso mehr Kontrolle gewinnen wir Schritt für Schritt, bis zu dem Punkt, an dem wir in der Lage sind, uns zu fangen, bevor das Gefühl überhaupt aufkommt. Indem wir uns bewusst machen, in welcher Weise Gefühle wie Wut, Gereiztheit oder Ärger in uns aufsteigen, lernen wir zu erkennen, was ihre Auslöser sind. Dann können wir uns dadurch gegen sie wappnen, dass wir unsere Aufmerksamkeit an einem früheren Punkt des Prozesses auf sie richten. Durch Übung können wir uns mit der Zeit gegen die Auslöser selbst immunisieren, indem wir nicht zulassen, dass unsere Deutung einer Situation durch ein Element der Projektion verfälscht wird. Diese letzte Stufe kann schwer sein, aber wenn wir sie erreichen können, ist sie ungeheuer befreiend. Denn selbst wenn der Reiz auftritt – beispielsweise die feindseligen Worte eines anderen –, wird uns unsere Aufmerksamkeit vor instinktiven Interpretationen, die von Übertreibung und Projektion getrübt sind, schützen und uns so in die Lage versetzen, mit Ruhe und Urteilsvermögen zu reagieren.

DIE FRAGE DER STIMMUNGEN

Ich habe in den vergangenen Jahren in den Vereinigten Staaten eine Reihe von Gesprächen mit Paul Ekman, einem der Pioniere der Emotionsforschung oder des Gebietes, das man als »affektive Neurowissenschaft« bezeichnet, geführt. Paul Ekmans Auffassung nach sind es nicht unsere Gefühle, die er als flüchtig bezeichnet, sondern unsere *Stimmungen*, die unser Wohlbefinden vor allem beeinträchtigen. Während Gefühle rasch kommen und gehen, sind Stimmungen von längerer Dauer, und da sie weitgehend latent und ohne eine bestimmte Zielrichtung unserem Geisteszustand zugrunde liegen, können sie unserer bewussten Aufmerksamkeit verborgen bleiben und somit schwerer zu bezwingen sein. Es sind, so sagt Paul Ekman, die Stimmungen, die uns empfänglicher für bestimmte Gefühle machen, weshalb wir auf sie unsere Aufmerksamkeit richten sollten. Ich finde, das ist eine hilfreiche Beobachtung.

Meinem Verständnis nach können Gefühle, Stimmungen und persönliche Eigenschaften als verwandte Phänomene betrachtet werden, die entlang eines Kontinuums angeordnet sind und deren jede von dauerhafterer Natur ist als die vorhergehende. Aus diesem Grund ist die Art des Umgangs mit ihnen weitgehend die gleiche. Im Zusammenhang mit den Stimmungen erhebt sich jedoch die Frage nach dem allgemeinen körperlichen und geistigen Energieniveau einer Person. In der buddhistischen Tradition wird, besonders im Rahmen des mentalen Trainings, großer Nachdruck auf das Bemühen gelegt, den entgegengesetzten Problemen der übertriebenen Trägheit, Stumpfheit oder Faulheit einerseits und der zu großen Erregtheit andererseits entgegenzuwirken. Ich glaube, dass einem solchen Ansatz, auf den ich im letzten Kapitel zurückkommen werde, im Umgang mit unseren Stimmungen einige Bedeutung zukommen kann.

Auch wenn es schwierig scheinen mag, Stimmungen abzuschütteln, hat sicher jeder von uns schon einmal erlebt, wie sich seine Stimmung angesichts einer guten Nachricht schlagartig aufgeheitert hat. Das zeigt, dass Stimmungen nicht ganz so dauerhaft und hartnäckig sind, wie es scheinen mag. Manchmal sind Stimmungen das Produkt eines Gefühls, das wir in uns eingeschlossen haben, und wenn wir dieses Gefühl freilassen, indem wir mit jemandem reden und uns vielleicht für etwas entschuldigen, das uns leid tut, oder sogar mit dem anderen scherzen, kann das die Stimmung schnell verändern. Natürlich kann die Erleichterung vorübergehend sein, vergleichbar mit der Erleichterung, die uns ein Schmerzmittel verschafft. Am wirkungsvollsten geht man daher mit Stimmungen um, indem man sich mit den Gefühlen befasst, die ihnen zugrunde liegen.

Zweifellos stellt uns der Umgang mit unseren negativen Tendenzen vor eine schwere Aufgabe. Mit den Rückschlägen konfrontiert, die das Leben täglich für uns bereithält, können wir leicht wieder in alte negative Gewohnheiten wie Frustration, Wut oder Mutlosigkeit zurückfallen. Darum ist es wichtig, dass wir uns täglich von neuem bemühen, nach den Werten zu leben, die wir hochhalten wollen.

10 DIE ENTWICKLUNG GRUNDLEGENDER INNERER WERTE

Rufen wir uns den zweigleisigen Weg ethischer Praxis in Erinnerung: Zum einen müssen wir daran arbeiten, dass wir unsere destruktiven Gefühle zu beherrschen lernen, zum anderen müssen wir unsere positiven Wesenszüge entwickeln. Im vorangegangenen Kapitel habe ich die mit den destruktiven Gefühlen verbundene Problematik behandelt und bin der Frage nachgegangen, wie wir dadurch, dass wir ihnen gegenüber aufmerksam sind und sie steuern, konstruktiv mit den mit ihnen verbundenen Herausforderungen umgehen können. In diesem Kapitel gehe ich auf das zweite Gleis dieses Weges ein. Dem wichtigsten der positiven Wesenszüge, die uns von Natur aus innewohnen, dem Mitgefühl, habe ich mich bereits recht ausführlich gewidmet. Darüber hinaus habe ich im Zusammenhang mit dem Thema Gerechtigkeit einiges über die Tugend der Versöhnlichkeit gesagt. Nun will ich kurz einige weitere innere Grundwerte erörtern: Geduld oder Langmut, Zufriedenheit, Demut, Selbstdisziplin und Großzügigkeit.

GEDULD UND LANGMUT

Das Mittel gegen destruktive Gefühle, dem im Rahmen einer säkularen Ethik die vorrangigste und unmittelbarste Bedeutung für das tägliche Leben zukommt, entspricht vermutlich dem, was wir im Tibetischen *soe pa* nennen. Im Allgemeinen wird *soe pa* als Geduld übersetzt, aber der Begriff umfasst auch die Tugenden der Toleranz, der Langmut und der Versöhnlichkeit. Eigentlich bezeichnet *soe pa* die Fähigkeit, Leid zu erdulden, und unserem instinktiven Wunsch, negativ auf Probleme zu reagieren, nicht nachzugeben. Das hat jedoch nichts mit Passivität oder Machtlosigkeit zu tun. Es geht nicht darum, etwas nur deshalb zu tolerieren, weil wir unfähig sind, uns zur Wehr zu setzen. Und es heißt auch nicht, dass wir Unrecht widerwillig und zähneknirschend über uns ergehen lassen. Wahre Geduld erfordert vielmehr eine große Stärke. Im Wesentlichen ist sie praktizierte Zurückhaltung auf der Grundlage geistiger Disziplin. Es gibt drei Aspekte der Geduld oder Langmut, die zu beachten sind: Langmut gegenüber jenen, die uns Leid zufügen, Annehmen des Leids und Annehmen der Wirklichkeit.

GEDULD GEGENÜBER DEN LEIDVERURSACHERN

Es kann uns, wie gesagt, sehr helfen, ein uns durch andere zugefügtes Unrecht zu erdulden, wenn wir uns vor Augen führen, dass alles eine Folge sehr vieler Ursachen und Umstände ist. Wenn uns andere in irgendeiner Weise verletzen, sollten wir uns in Erinnerung rufen, dass eine ganze Reihe von Faktoren zu diesem Verhalten beigetragen haben. Wenn jemand uns gegenüber aggressiv oder respektlos ist, lohnt es sich, darüber nachzudenken, warum er sich so verhält. Höchstwahrscheinlich ist sein Verhalten Ausdruck seiner eigenen Probleme. Wenn wir das begreifen, verringert sich unser instinktiver Wunsch nach Vergeltung.

Es ist auch hilfreich, sich bewusst zu machen, dass es niemanden gibt, der gern wütend ist. Wenn wir beispielsweise selbst wütend werden, wollten wir das dann etwa? Nein. Die Wut steigt vielmehr unwillkürlich in uns hoch. Wütend werden ist etwas, das wir ebenso wenig absichtlich tun wie krank werden. Und angesichts der Tatsache, dass die Leidverursacher ebenso wie wir selbst Menschen sind, die nach Glück streben und Leid von sich abzuwehren suchen, verdienen auch sie unser Mitgefühl und unsere Anteilnahme. Daher sind Freundlichkeit und Versöhnlichkeit eine viel angemessenere Reaktion auf feindseliges Verhalten als Wut.

Beim Üben in Versöhnlichkeit müssen wir zwischen der Tat und dem Täter unterscheiden, zwischen der verletzenden Handlung und dem Menschen, der sie begangen hat. Während wir dem Unrecht gegenüber an unserer Ablehnung festhalten, können wir uns dem Leidverursacher gegenüber unsere Anteilnahme und unser Mitgefühl bewahren.

GEDULD DURCH ANNAHME DES LEIDS

Beim Üben in Geduld oder Langmut ist es wichtig, dass wir lernen, Leid und Schwierigkeiten, die ja ein unausweichlicher Teil unseres Lebens sind, stärker anzunehmen. Dieses Geduldstraining beinhaltet eine ehrliche Akzeptanz der Tatsache, dass Mühsal zum Leben gehört. Wer die Realität des Leidens leugnet und erwartet, dass das Leben leicht und mühelos ist, zieht nur noch mehr Kummer auf sich. Ich will damit nicht sagen, dass Leid an sich etwas Gutes ist; es ist nur leichter zu ertragen, wenn man es akzeptiert.

Auf meinen Reisen in alle Teile der Welt habe ich festgestellt, dass in weniger entwickelten Ländern, in denen das Leben in materieller Hinsicht oft hart ist, offenbar eine größere

Zufriedenheit herrscht als in den reichen Ländern, in denen die Menschen ein relativ leichtes Leben haben. Unter der Oberfläche des Wohlstands in den materiell höher entwickelten Gesellschaften verbergen sich viele Ängste und Unzufriedenheit, während ich oft beeindruckt bin angesichts der schlichten Lebensfreude, der man in ärmeren Ländern häufig begegnet.

Woran liegt das? Offenbar macht uns äußere Not, da sie uns mehr Geduld und Langmut abverlangt, stärker und widerstandsfähiger. Wer in täglicher Armut lebt, entwickelt eine größere Fähigkeit, mit schwierigen Situationen umzugehen, ohne seine innere Ruhe zu verlieren. Eine ähnliche Beobachtung habe ich bei einigen meiner Freunde in Europa gemacht. Menschen meiner Generation, die die Entbehrungen des Zweiten Weltkriegs miterlebt haben, scheinen mehr Langmut und Charakterstärke zu besitzen als die jüngeren Generationen, die solche schwierigen Zeiten nie kennengelernt haben. Dadurch, dass sie den Verlust von Freunden und nahen Verwandten hinnehmen und mit vielen Ungewissheiten und ständig vom Hunger bedroht leben mussten, sind viele Menschen der älteren Generation widerstandsfähiger geworden. Sie sind besser in der Lage, mit widrigen Umständen fertigzuwerden, ohne aus dem Gleichgewicht zu geraten. Natürlich plädiere ich nicht dafür, Armut und Not als Lebensweg zu wählen. Ich will lediglich zeigen, dass uns schwierige Lebensumstände durchaus innere Kraft und Standhaftigkeit vermitteln können, wenn wir uns konstruktiv mit ihnen auseinandersetzen und auch ihre positiven Seiten sehen.

Wie aber sollen wir mit den normalen Rückschlägen umgehen, die das Leben für uns bereithält? Auch in diesem Zusammenhang empfinde ich einen Ratschlag des indischen Lehrers Shantideva als außerordentlich hilfreich:

Wenn es eine Lösung gibt,
welche Notwendigkeit besteht dann, trübselig zu sein?
Wenn es keine Lösung gibt,
welchen Sinn hat es dann, trübselig zu sein?

Ich bezeichne das als den »Keine Notwendigkeit, kein Sinn«-Weg des Umgangs mit Problemen. Wenn es eine Lösung für ein Problem gibt, dann brauchen wir uns seinetwegen keine übertriebenen Sorgen zu machen. Statt uns von dem Problem erdrücken zu lassen, sollten wir uns einfach entschlossen der Umsetzung der Lösung widmen. Und selbst wenn wir nach reiflicher Überlegung zu der Überzeugung gelangen, dass es keine Lösung gibt, nützt es nichts, wenn wir uns Sorgen machen. Vielmehr wird es uns umso leichter fallen, wieder zum Alltag überzugehen, je schneller wir akzeptieren, dass das Problem nicht zu lösen ist. In jedem Fall hat es keinen Sinn, sich über die Maßen zu quälen! Nicht nur, dass uns das nicht guttut; es kann uns sogar ernsthaft schaden, indem es uns schwächt und im schlimmsten Fall zu Depressionen führt.

Das heißt ganz und gar nicht, dass wir uns dem Leid *überlassen* sollen. Indem wir das Leid *annehmen*, geben wir nicht klein bei, sondern wir tun im Gegenteil den ersten Schritt zur Überwindung des Schadens, den es uns zufügt. Indem wir Schwierigkeiten annehmen, fangen wir an zu begreifen, dass sie nicht nur negative Seiten haben. Es kann beispielsweise unsere empathische, mitfühlende Natur stärken und uns so mit anderen zusammenführen. Denn Leid hilft uns vor allem, die Verwandtschaft aller Menschen zu erkennen. Und wenn wir diese erkannt haben, werden wir nicht mehr von unseren eigenen Problemen erdrückt, sondern gewinnen die Kraft, uns den Herausforderungen des Lebens zu stellen.

Überdies kann persönliches Leid ein Katalysator sein, der unser spirituelles Wachstum vorantreibt. Wir können durch Leid nicht nur Kraft gewinnen, sondern auch eine gewisse Demut und einen klareren Blick für die Wirklichkeit. Diese positiven Seiten des Leids werden in den Lehren aller großen religiösen Traditionen der Welt beschrieben. Und auch ich selbst habe sie in meinem Leben kennengelernt. Ich bin fest davon überzeugt, dass ich durch die Erfahrung des Exils ein tieferes Verständnis des Lebens gewonnen habe, als ich es hätte, wenn ich immer noch in Tibet als privilegierter Herrscher eines Landes leben würde.

GEDULD DURCH NACHDENKEN ÜBER DIE WIRKLICHKEIT

Die dritte Dimension beim Üben in Geduld beinhaltet, dass wir uns auf diejenigen Aspekte der Wirklichkeit konzentrieren, die anzunehmen uns persönlich am schwersten fällt. Dazu könnte beispielsweise das Altern oder der Tod gehören. Solche Dinge werden oft als Tabu behandelt, weil viele Menschen nicht darüber nachdenken wollen. Das scheint in besonderem Maße auf die wohlhabenderen Gesellschaften zuzutreffen, in denen das Konsumdenken einen wahren Jugendwahn hervorgerufen hat. Dennoch kann es unser Wohlbefinden mehren, wenn wir unsere Gedanken auf solche Themen richten. Denn indem wir über die Unausweichlichkeit des Alterns und des Sterbens und darüber, welche Rolle sie als Teil unserer Existenz spielen, eingehend nachdenken, können wir lernen, diese Aspekte der Wirklichkeit, an denen wir sonst vielleicht verzweifeln würden, hinzunehmen.

Alles, was in der Welt geschieht, ist das Ergebnis vieler Faktoren; darauf habe ich schon mehrfach hingewiesen. Unser eigenes Handeln ist dabei nur ein Faktor in einer ganzen Reihe von Ursachen und Bedingungen. Und auch jede Situation kann man von mehreren Seiten betrachten. Wenn wir beispielsweise unglücklich darüber sind, dass wir eine Stelle, für die wir uns beworben haben, nicht bekommen, lohnt es sich, darüber nachzudenken, dass die gleiche Entscheidung, die uns enttäuscht hat, zugunsten eines anderen gefallen ist, der diese Stelle vielleicht noch dringender braucht als wir. Auch wenn es uns nicht leichtfällt, können solche Gedanken unser Verlustgefühl durch die mitfühlende Freude über das Glück eines anderen mildern. Gleichzeitig wird uns das Problem allein dadurch, dass wir uns nicht mehr nur auf uns selbst konzentrieren, weniger unerträglich erscheinen.

Welche Vorteile es hat, Geduld zu entwickeln, ist offenkundig. Wenn wir uns in Geduld üben, schützt uns das davor, die Beherrschung zu verlieren, und hilft uns so, unser Urteilsvermögen auch dann zu bewahren, wenn wir durch eine schwierige Situation aufgewühlt sind. Es verschafft uns einen inneren Raum. Und in diesem Raum gewinnen wir ein Maß an Selbstbeherrschung, das uns in die Lage versetzt, bewusst in angemessener und mitfühlender Weise auf eine Situation zu reagieren, statt zum Spielball unserer Gefühle und Zwänge zu werden. Wenn wir uns kontinuierlich in ihr üben, gibt uns die Geduld, wie ich sie beschrieben habe, das notwendige Rüstzeug, um mit den unvermeidlichen Höhen und Tiefen des Lebens umzugehen. Geduld ist überdies eine Eigenschaft, die von anderen ungemein geschätzt wird. Andere werden uns sympathischer finden, wenn wir uns in Geduld üben. Sie werden sich in unserer Gegenwart leichter wohlfühlen und gern mit uns zusammen sein. Vor allem aber ist Geduld ein wirksames Mittel gegen die destruktiven Gefühle der Wut und der Enttäuschung.

ZUFRIEDENHEIT UND DEMUT

Auf meinen ersten Reisen in die westliche Welt habe ich manchmal ein Einkaufszentrum besucht. Es gab damals in Indien noch nichts Derartiges, und wir Tibeter fanden die vielen eleganten Geschäfte, in deren Schaufenstern Konsumgüter aller Art ausgestellt waren, beeindruckend. Da ich mich seit meiner Kindheit für mechanische Objekte wie Uhren interessiere, fand ich die mechanischen und elektronischen Spielzeuge, die in diesen Läden angeboten wurden, ausgesprochen faszinierend. Ich schaute sie mir an und dachte zuweilen: »Oh, das hätte ich gern«, oder: »Jenes hätte ich gern.« Doch gleich darauf fragte ich mich: »Brauche ich das wirklich?« Natürlich konnte ich das in den meisten Fällen verneinen. Meine ersten Gedanken waren also irgendeiner Art von instinktiver Gier entsprungen; sobald ich sie aber überprüfte und aus einem realistischen Blickwinkel betrachtete, hatte ich nicht mehr das Bedürfnis, mir die Dinge anzueignen oder sie zu beherrschen. Genau das verstehe ich unter praktizierter Zufriedenheit.

Manchmal sorgt es für eine gewisse Verwirrung, wenn ich Zufriedenheit als einen zentralen ethischen Wert bezeichne. Man könnte einwenden, Zufriedenheit sei kein ethischer Wert an sich, weil sie sich nur auf das eigene Wohlbefinden und nicht auf das Wohl anderer bezieht. Entsteht Zufriedenheit nicht automatisch mit dem Glück, das sich einstellt, wenn wir in mitfühlender Sorge um andere leben? Und wenn das so ist, wie kann man sie dann als ethischen Wert betrachten, der um seiner selbst willen gepflegt werden muss? Zufriedenheit, so könnte man demzufolge sagen, kann nicht praktiziert werden, sondern man muss dorthin gelangen.

Wenn ich jedoch von Zufriedenheit als ethischem Wert spreche, dann meine ich keinen allgemeinen Zustand des Wohlbefindens oder des Glücks, sondern einen spezifischeren Begriff der Zufriedenheit, den wir im Tibetischen als *chogshé* bezeichnen. Mir ist weder im Englischen noch in sonst einer westlichen Sprache eine direkte Entsprechung zu diesem Begriff bekannt, und da er allgemein als »Zufriedenheit« übersetzt wird, verwende ich dieses Wort ebenfalls. Eigentlich aber bedeutet *chogshé* die *Abwesenheit von Gier*. Wörtlich übersetzt bedeutet *chogshé* »zu wissen, was genug ist« oder »zu wissen, wann man zufrieden sein sollte«, also fähig zu sein, Befriedigung zu empfinden, ohne noch mehr haben zu wollen.

In diesem Sinne könnte man Zufriedenheit also als Tugend der Mäßigung bezeichnen. Sie beinhaltet eine gewisse Demut, eine Beschränkung der eigenen Wünsche und Sehnsüchte. Indem wir maßvoll leben und uns vernünftige Grenzen setzen, befreien wir uns von dem Gefühl der Unsicherheit und Unzulänglichkeit, das sich einstellt, wenn wir ständig Verlangen nach etwas haben. Indem wir uns in Zufriedenheit üben, ermöglichen wir es uns, in der Gewissheit, dass wir nach den uns wichtigen Idealen leben, in einem grundlegenden Zustand der Befriedigung zu ruhen. Wenn wir uns in unseren Wünschen und Sehnsüchten beschränken, vermeiden wir das Leid der Unzufriedenheit und Enttäuschung, das durch Gier erzeugt wird.

Ein tibetisches Sprichwort lautet: »Auf der Schwelle des unglücklichen Reichen schläft der zufriedene Bettler.« Das soll nicht heißen, dass Armut eine Tugend ist, es heißt vielmehr, dass Glück nicht durch materiellen Wohlstand, sondern dadurch entsteht, dass wir unseren Wünschen Grenzen setzen und innerhalb dieser Grenzen ein zufriedenes Leben führen.

Ich halte es gerade in unserer heutigen, von Materialismus und globalem Konsumdenken geprägten Welt für besonders wichtig, Zufriedenheit zu entwickeln. Die materialistische Gesellschaft setzt die Menschen permanent unter Druck, mehr haben zu wollen und mehr zu kaufen, auch wenn ihre Grundbedürfnisse längst befriedigt sind. Die Werbung regt unsere Fantasie auf subtile Weise an und suggeriert uns, dass materielle Güter glücklich machen und dass uns etwas fehlt, wenn wir nicht das neueste Zubehör, das neueste Gerät oder den neuesten Modeartikel kaufen. Der Materialismus der modernen Gesellschaft macht es daher erforderlich, dass wir uns täglich in Mäßigung und Zufriedenheit üben, wenn wir uns nicht dem Gefühl einer persönlichen Unzufriedenheit überlassen wollen, das unrealistische Wünsche und Sehnsüchte mit sich bringen.

Im Übrigen ist es nicht nur in unserem eigenen Interesse, wenn wir unseren Wunsch nach mehr zügeln und lernen, innerhalb vernünftiger Grenzen zu leben. Es ist vielmehr die notwendige Voraussetzung dafür, dass wir die Bedrohung für das Leben auf der Erde, die wir durch unsere unaufhörliche Gier nach mehr erzeugen, bannen können. Die materiellen Ressourcen unseres Planeten sind begrenzt. Rechnet man dann noch die Tatsache hinzu, dass die Weltbevölkerung rapide wächst und dass die Menschen in den weniger entwickelten Ländern – was ihr gutes Recht ist – den gleichen Lebensstandard anstreben, den die Industrienationen genießen, wird deutlich, dass der Weg, den wir gegenwärtig beschreiten, auf Dauer nicht zukunftsfähig ist. Die großen Naturräume tragen viel zum Erhalt des ökologischen Gleichgewichts auf unserem Planeten bei.

Doch immer mehr Wälder und andere natürliche Ökosysteme werden durch menschliche Eingriffe beeinträchtigt und zerstört, und seit ich lebe, sind viele Tier- und Pflanzenarten ausgerottet worden. Der komfortable moderne Lebensstil, den viele von uns für selbstverständlich halten und den viele andere anstreben, hat also einen beträchtlichen Preis.

Wie notwendig eine sich bescheidende Zufriedenheit ist, wird uns schmerzlich durch die jüngste Finanzkrise vor Augen geführt, deren Nachwirkungen in unserer eng vernetzten Welt noch immer zu spüren sind. Es ist einfach, den Politikern vorzuwerfen, dass sie die Finanzmärkte nicht ausreichend regulieren. Die eigentliche Ursache der Krise liegt jedoch in der Gier selbst – darin, dass alle Mäßigung und Zurückhaltung zugunsten immer höherer Profite über Bord geworfen wurde. Darüber hinaus kam es, wie mir ein italienischer Geschäftsmann erklärt hat, zu maßlosen Spekulationen. Das Wort »Spekulation« bedeutet, dass ohne vollständige Kenntnis gehandelt wird. In diesem Fall hat es ganz offensichtlich an der Vorsicht und Demut gefehlt, die jedes Handeln, das ohne genaue Kenntnis geschieht, begleiten sollte. Das Problem war im Wesentlichen Arroganz und Kurzsichtigkeit. Hinzu kam ein Mangel an Transparenz, der bewirkt hat, dass sich Unehrlichkeit und Täuschung ungehindert Bahn brechen konnten. Keiner dieser Faktoren war eine unausweichliche Gegebenheit. Sie zeugen schlicht von einem ethischen Defizit, wobei die Gier die Hauptrolle spielt. Und das einzige wirksame Mittel gegen Gier ist Mäßigung und Zufriedenheit.

Wenn ich den Nutzen der Einfachheit und Bescheidenheit hervorhebe, will ich damit selbstverständlich nicht sagen, dass Armut hinnehmbar wäre. Armut ist im Gegenteil eine furchtbare Härte, gegen die wir alles in unserer Macht Stehende unternehmen sollten. Abgesehen davon, dass sie Menschen zwingt, ums nackte Überleben zu kämpfen, erzeugt Armut in den Betroffenen ein Gefühl der Ohnmacht, entmutigt und zermürbt sie. Sie kann zu schwerwiegenden psychischen Belastungen führen und die Menschen jeglicher Möglichkeit berauben, ihre wirtschaftliche Situation zu verbessern, wodurch die Betroffenen großen Schaden erleiden.

Auf der persönlichen Ebene sind wir jedoch hinsichtlich unseres Strebens nach Glück umso besser beraten, je eher wir erkennen, dass Reichtum allein nicht glücklich macht, und je schneller wir lernen, mit einer gewissen Bescheidenheit zu leben.

Wie viel Reichtum ein einzelner Mensch in der ihm gegebenen Lebensspanne ansammeln kann, ist zeitlichen und geografischen Beschränkungen unterworfen. Angesichts dieser natürlichen Grenze scheint es klüger zu sein, sich selbst zu mäßigen, indem man Zufriedenheit trainiert. Dem Erwerb geistiger Reichtümer hingegen sind keinerlei Grenzen gesetzt. Hier ist es angemessen, sich *nicht* mit dem, was man hat, zufriedenzugeben, sondern ständig nach mehr zu streben. Bedauerlicherweise tun die meisten von uns genau das Gegenteil. Wir sind nie zufrieden mit unserem materiellen Besitz, neigen aber dazu, uns mit unseren geistigen Reichtümern schnell vollständig zufriedenzugeben.

SELBSTDISZIPLIN

Eng mit der Zufriedenheit und der Demut ist die Selbstdisziplin verbunden: Zufriedenheit und Demut setzen sogar, wie alle Werte, um die es in diesem Buch geht, ein gewisses Maß an Übung auf dem Gebiet der Selbstdisziplin voraus.

Das Wichtigste bei der Tugend der Selbstdisziplin ist, dass man sie sich aus freien Stücken zu eigen machen muss. Wenn sie uns von außen aufgenötigt wird, entfaltet sie selten ihre Wirkung und ist manchmal sogar kontraproduktiv. Wenn wir aus Angst Selbstdisziplin üben – sei es aus Angst vor einer äußeren Autorität oder aus einer durch kulturelle oder religiöse Prägung erzeugten Angst heraus –, dann können wir im Allgemeinen keine große Begeisterung für sie aufbringen. Die Folge ist, dass eine uns von außen auferlegte Disziplin selten zu einer inneren Veränderung führt.

Wenn wir uns andererseits aus freien Stücken entscheiden, Selbstbeherrschung zu üben, weil wir erkennen, welchen Wert sie hat und welchen Nutzen es uns bringt, schlechte Gewohnheiten abzulegen, ist es nur natürlich, dass wir mit größerer Entschlossenheit nach ihr streben. Das wiederum bewirkt, dass die Selbstdisziplin, die wir erwerben, beständiger ist.

Um die freiwillig angenommene Selbstdisziplin weiterzuentwickeln, müssen wir uns einmal mehr Zeit nehmen und darüber nachdenken, welche positiven Auswirkungen eine solche Haltung nicht nur auf uns selbst, sondern auch auf andere und sogar auf die Menschheit insgesamt hat. Und indem wir dies tun, erzeugen wir die Begeisterung, die wir brauchen, um unsere Motivation und Entschlossenheit aufrechtzuerhalten.

Am besten beginnen wir damit, uns zu überlegen, was wir uns und auch unserem Körper antun, wenn wir Versuchungen nachgeben und unsere schlechten Gewohnheiten beibehalten. Als Nächstes können wir uns klarmachen, welchen Schaden wir dadurch auch anderen zufügen. Man macht es sich sehr einfach, wenn man sich einredet, das eigene Verhalten und die persönlichen Gewohnheiten würden andere nicht tangieren, denn das stimmt in den meisten Fällen nicht. Stellen wir uns zum Beispiel eine Familie mit einem drogenabhängigen Mitglied vor. Die anderen Mitglieder der Familie erleiden zwar nicht direkt die physischen und mentalen Schäden, die durch den Drogenmissbrauch entstehen, aber das heißt nicht, dass sie die negativen Auswirkungen nicht spüren würden. Höchstwahrscheinlich quälen sie sich mit Sorgen und Ängsten und allem, was die Situation sonst noch an Schmerz und Leid mit sich bringt, herum. Wenn wir also über den Schaden nachdenken, den wir durch mangelnde Selbstdisziplin bei unseren persönlichen Gewohnheiten anrichten, sollten wir immer an die Menschen denken, denen unser Wohl am Herzen liegt und deren Wohlbefinden eng mit dem unseren verknüpft ist.

Es kann auch hilfreich sein, darüber nachzudenken, welche negativen Folgen der Mangel an Selbstdisziplin auf einer umfassenderen gesellschaftlichen Ebene hat. Meiner Meinung nach ist das in vielen Teilen der Welt verbreitete Problem der Korruption in Wirklichkeit nichts anderes als das Unvermögen, Selbstdisziplin zu üben. Korruption ist immer eine Kapitulation vor egoistischen Haltungen wie Gier, Voreingenommenheit und Unaufrichtigkeit. Selbst eine gute und gerechte Rechtsordnung nützt wenig, wenn das System durch Korruption lahmgelegt ist.

Mit der Aufmerksamkeit, die wir entwickeln, wenn wir über die Folgen mangelnder Selbstdisziplin nachdenken, wächst allmählich auch unsere Fähigkeit, Versuchungen in unserem eigenen Leben von uns zu weisen. Und wenn wir unsere Selbstdisziplin beharrlich trainieren, wird sie sich schließlich ganz von selbst einstellen und kein bewusstes Bemühen und keine Willensanstrengung mehr erfordern. Sobald uns Beschränkung und Mäßigung zur Selbstverständlichkeit geworden sind, fangen wir an, das Gefühl der Freiheit zu erleben, das Selbstbeherrschung mit sich bringt. Selbstdisziplin hat in allen großen Weltreligionen einen hohen Stellenwert. Im Islam etwa wird *sabr*, der Tugend der Geduld, der Selbstbeherrschung und der Standhaftigkeit, große Bedeutung beigemessen, und es heißt, dass Gott die Geduldigen, die *sabireen*, liebt.

Indem wir unsere destruktiven Wesenszüge durch das Einüben von Aufmerksamkeit und Selbstdisziplin auf allen Ebenen unseres Tuns, Redens und Denkens beherrschen lernen, befreien wir uns so von der inneren Unruhe, die zwangsläufig entsteht, wenn unser Verhalten im Widerspruch zu unseren Idealen steht. An die Stelle dieser Unruhe treten Selbstvertrauen, Integrität und Würde – heroische Eigenschaften, nach denen alle Menschen ihrem Wesen nach streben.

GROSSZÜGIGKEIT

Großzügigkeit ist der natürlichste äußere Ausdruck einer mitfühlenden und von liebender Güte bestimmten inneren Haltung. Wenn man den Wunsch hat, das Leid anderer zu lindern und etwas für ihr Wohlbefinden zu tun, ist Großzügigkeit – im Handeln, Reden und Denken – die Umsetzung dieses Wunsches in die Praxis.

Es ist wichtig zu verstehen, dass mit »Großzügigkeit« nicht nur das bereitwillige Geben im materiellen Sinne gemeint ist, sondern eine Großzügigkeit des Herzens. Deshalb ist sie eng mit der Tugend der Versöhnlichkeit verbunden. Ohne Großzügigkeit des Herzens ist echtes Verzeihen nicht möglich.

In Schriften des klassischen Buddhismus werden der Großzügigkeit vier Arten des Gebens zugeordnet: erstens das Geben materieller Güter; zweitens das Geben der Freiheit von Angst, womit gemeint ist, dass man anderen Schutz und Sicherheit bietet und ehrlich zu ihnen ist; drittens das Geben von spirituellem Rat, wozu gehört, dass man anderen Trost, Anteilnahme und Beistand spendet, um ihr psychisches und emotionales Wohlbefinden zu fördern; viertens das Geben von Liebe.

Keine der vier Arten des Gebens, darüber müssen wir uns von vornherein im Klaren sein, sollte je in der Absicht erfolgen, uns bei anderen beliebt zu machen, sondern allein dem Wohl des Empfängers dienen. Wenn unsere Beweggründe beim Geben in irgendeiner Weise auf das eigene Wohl gerichtet sind, handeln wir nicht wirklich großzügig.

In den klassischen buddhistischen Schriften wird auch darauf hingewiesen, dass jeder Akt der Großzügigkeit unser Urteilsvermögen fordert. So muss nicht nur sichergestellt sein, dass unsere Motive ehrlich sind, sondern uns muss auch bewusst sein, dass es Umstände gibt, unter denen es nicht angemessen ist zu geben. Wenn das Gegebene beispielsweise unverhältnismäßig ist oder wenn das Geben zum falschen Zeitpunkt erfolgt, kann es dem Empfänger mehr schaden als nutzen. Und natürlich gibt es bestimmte Dinge wie Gift oder Waffen, die ihrem Wesen nach nicht zum Schenken geeignet sind. Wenn das, was wir geben, mit hoher Wahrscheinlichkeit benutzt wird, um anderen Schaden zuzufügen, gebietet es der Grundsatz des Mitgefühls, dass wir auf das Geben verzichten. Außerdem müssen wir uns sicher sein, dass wir aus Achtung vor dem Empfänger geben und nicht aus einem Gefühl der Überlegenheit heraus. Echte Großzügigkeit wahrt die Würde des Empfängers. Das alles sind meines Erachtens Hinweise, die es sich einzuprägen lohnt.

SPENDEN FÜR WOHLTÄTIGE ZWECKE UND PHILANTHROPIE

Vor ein paar Jahren habe ich in New York an einer interessanten Podiumsdiskussion über das Thema Philanthropie teilgenommen. Wohltätige Spenden werden in meinen Augen am dringendsten für den Gesundheits- und Bildungssektor benötigt. Gesundheit ist eine wesentliche Voraussetzung für das Wohlergehen und die Würde des Menschen, aber die Ressourcen, die für ein modernes Gesundheitswesen benötigt werden, stehen in vielen Teilen der Welt nicht zur Verfügung. Bildung versetzt Menschen in die Lage, durch erlernte Fertigkeiten und mit Erfindungsreichtum die Armut zu überwinden.

Das Geben für wohltätige Zwecke wird besonders in den Abrahamitischen Religionen betont, in denen das Teilen mit den Bedürftigen als wichtige religiöse Verpflichtung gilt. Ich war oft beeindruckt von den vielen wohltätigen Projekten in den Entwicklungsländern, für die sich vor allem christliche Organisationen engagieren. Auch wir Tibeter haben, vor allem in den schwierigen Anfangsjahren unseres Exils, zu den Nutznießern dieser Großzügigkeit gehört und deren wohltuende Wirkung am eigenen Leib erfahren. Im Islam gehört die Verpflichtung zum Almosengeben, *Zakat*, zu den fünf Säulen der religiösen Praxis, und auch im Judentum ist das Geben für wohltätige Zwecke ein wichtiger Aspekt der Religionsausübung.

Vom Geben für wohltätige Zwecke profitieren im Übrigen nicht nur die Empfänger. Denn was könnte für die Gebenden befriedigender sein, als zu wissen, dass mit ihrer Hilfe vielen anderen – wirklichen Menschen mit wirklichen Nöten – Gutes getan wird?

Für diejenigen, die bereits reich sind, hat ein Reichtum, der über ein bestimmtes Maß hinausgeht, keinen echten Wert, es sei denn, er wird für einen guten Zweck verwendet. Auch ein Milliardär hat keinen größeren Magen als alle anderen, und die Zahl der Häuser, in denen ein Mensch wohnen kann, ist begrenzt. Von einem bestimmten Punkt an wirkt sich noch mehr Luxus und noch mehr Verschwendung nicht mehr wirklich darauf aus, wie angenehm man sich das Leben machen kann. Am Ende wird der Reichtum zu einer Reihe von Zahlen auf einem Blatt Papier oder auf einem Computerbildschirm. Und für einen Menschen, dem moralische Grundsätze und ein elementares Gefühl für Anstand nicht gleichgültig sind, kann es überdies zum Problem werden, wenn er angesichts der Armut in der Welt einem allzu ausschweifenden Lebensstil frönt. Das ist ein bisschen so, als würde man vor den Augen eines Bettlers, der am Verhungern ist, hemmungslos ein üppiges Mahl genießen.

Glücklicherweise gibt es heute einige außergewöhnliche Menschen mit philanthropischen Neigungen, die ihren immensen Reichtum mit den Bedürftigen und Notleidenden dieser Welt teilen, indem sie sich vor allem für Bildungsprojekte und im Gesundheitswesen engagieren. Ich habe an früherer Stelle bereits Bill und Melinda Gates erwähnt, die durch ihr wohltätiges Engagement so viel für andere tun. Ich bin auch mit dem bewundernswerten philanthropischen Werk von Pierre und Pamela Omidyar vertraut, die einen substanziellen Teil ihres Reichtums verwenden, um anderen zu helfen. Wenn ich solchen Menschen begegne, versäume ich es nie, meiner Bewunderung für ihre Großzügigkeit Ausdruck zu geben. Ich möchte daher an dieser Stelle an alle Menschen in ähnlicher Position appellieren, sich zu überlegen, ob sie nicht andere durch philanthropisches Handeln an ihrem Reichtum teilhaben lassen wollen.

Es sind jedoch nicht nur die Allerreichsten, die sich ernsthafte Gedanken über das Geben machen müssen. Selbst Menschen, deren Mittel begrenzt sind, können von einer großzügigen Haltung profitieren, weil sie ihnen das Herz öffnet und ein Gefühl der mitfühlenden Freude und der Verbundenheit mit anderen erzeugt.

Materielle Hilfe zu leisten ist eine Form der Großzügigkeit, aber wir können insgesamt eine großzügige Einstellung annehmen und sie auf unser gesamtes Verhalten ausweiten. Wenn wir im Umgang mit anderen aufmerksam und ehrlich sind, sie loben, wo es angemessen ist, sie trösten und ihnen unseren Rat anbieten, wo er gebraucht wird, und einfach für sie da sind – all das sind Formen der Großzügigkeit, die keine materiellen Reichtümer voraussetzen.

DIE FREUDE AM GEBEN

Ein wichtiger Aspekt beim großzügigen Handeln ist meines Erachtens, dass man Freude daran hat. In der klassischen indischen Tradition gibt es den Brauch, Akte der Großzügigkeit einem höheren altruistischen Ziel zu widmen. So stellt man sicher, dass die Großzügigkeit nicht blind oder von Parteilichkeit und Voreingenommenheit bestimmt ist, sondern sich auf das höhere Wohl der gesamten Menschheit richtet. Dieser Brauch macht es dem Gebenden überdies möglich, sich am Akt der Großzügigkeit zu erfreuen. Die Freude am Geben ist hilfreich, denn wenn uns das Geben Freude macht, sind wir eher bereit, uns auch künftig für wohltätige Zwecke zu engagieren.

Das Wunderbare am Geben ist die Tatsache, dass nicht nur

der Empfänger der Wohltat einen Nutzen hat, sondern auch der Gebende in hohem Maße davon profitiert. Und je mehr man gibt, umso mehr Freude hat man durch das Geben, sodass es für alle ein Gewinn ist.

11 MEDITATION ALS GEISTIGE WEITERENTWICKLUNG

Wir haben uns jetzt eingehend mit der Frage beschäftigt, was Spiritualität und ethische Lebensführung in Bezug auf die persönliche Praxis bedeuten. Wir haben einige Methoden angesprochen, im Alltag eine achtsame Aufmerksamkeit zu praktizieren; einige Methoden, die uns helfen, aufmerksamer zu werden, sodass wir lernen können, unsere Gefühle zu beherrschen; und schließlich einige Methoden, unsere inneren Werte aktiv zu entwickeln. Da zu allen diesen Übungen, insbesondere zu den beiden letztgenannten, ein gewisses Maß an diszipliniertem Einsatz des Geistes gehört, möchte ich in diesem letzten Kapitel ein paar Worte über die Entwicklung mentaler Disziplin sagen, die für mich persönlich ein unverzichtbarer Teil des täglichen Lebens ist. Auf der einen Seite untermauert ihr tägliches Üben meine Entschlossenheit, stets mitfühlend zum Wohle anderer zu handeln. Auf der anderen Seite hilft sie mir, die negativen Gedanken und Gefühle, von denen wir alle von Zeit zu Zeit heimgesucht werden, in Schach zu halten, und meine innere Ruhe zu bewahren.

Mit geistiger Weiterentwicklung meine ich einen disziplinierten Einsatz des Geistes. Dazu gehört, dass wir eine tiefere Kenntnis von einem ausgewählten Objekt oder Thema entwickeln. Ich denke dabei an den Sanskrit-Begriff *bhavana*, der die Bedeutung von »kultivieren« enthält und dessen tibetische Entsprechung *gom* »Schulung« einschließt. Diese beiden Begriffe, die oft als »Meditation« übersetzt werden, beziehen sich nicht nur, wie viele meinen, auf einfache Methoden der Entspannung, sondern auf eine ganze Bandbreite mentaler Praktiken. Die ursprünglichen Begriffe beinhalten einen Prozess, in dem wir eine genaue Kenntnis von etwas, sei es eine Gewohnheit, eine Sicht- oder eine Seinsweise ausbilden.

EIN PROZESS DER WANDLUNG

Wie aber führt dieser Prozess der geistigen Weiterentwicklung zu einer spirituellen und inneren Wandlung? An dieser Stelle könnte es hilfreich sein, auf die Vorstellung von den »drei Stufen der Erkenntnis« zurückzugreifen, die zur klassischen buddhistischen Theorie der geistigen Wandlung gehört. Die drei Stufen sind: Erkenntnis durch Hören (Lernen), Erkenntnis durch Nachdenken und Erkenntnis durch kontemplative Erfahrung. Denken wir zum Beispiel an einen Menschen, der die tiefgreifende Vernetztheit der heutigen Welt verstehen will. Vielleicht hat er davon erfahren, weil er den Ausführungen von jemandem zum Thema zugehört hat oder weil er etwas darüber gelesen hat. Aber solange er nicht ernsthaft über das nachdenkt, was er gehört oder gelesen hat, bleibt sein Verständnis oberflächlich und auf sein Wissen um die Bedeutung der Worte beschränkt. Auf dieser Ebene ist sein Verständnis eines gegebenen Sachverhalts nicht mehr als eine auf Informationen beruhende Annahme. Doch indem er eingehender über die Bedeutung des Gehörten nachdenkt, es einer Analyse unterzieht und sich aufmerksam und intensiv mit der sich daraus ergebenden Schlussfolgerung auseinandersetzt, entwickelt er ein tiefes Gefühl der Überzeugung, dass der Sachverhalt wahr ist. Das ist die zweite Ebene im Prozess der Erkenntnis. Indem er nun fortfährt, ein tiefes Verständnis für den Sachverhalt zu entwickeln, verinnerlicht er seine Einsicht, sodass sie fast zu einem Teil seiner selbst wird. In diesem Moment hat er die dritte Ebene der Erkenntnis erreicht, die in den klassischen Texten als erfahrungsbezogen, unwillkürlich und mühelos bezeichnet wird.

Dieser Prozess der Wandlung hat nichts Geheimnisvolles an sich. Vielmehr ist er etwas, das zu unserem alltäglichen Leben gehört. Er lässt sich mit dem Erlernen von Fähigkeiten wie Schwimmen oder Fahrradfahren vergleichen, die vor allem Übung erfordern. In der Ausbildung etwa ist diese Entwicklung – vom ersten Hören oder Lernen über eine Vertiefung des Verständnisses durch kritisches Nachdenken bis zur Überzeugung – etwas völlig Normales. Seit langem weiß man, dass Wissen, das nur durch Hören oder Lesen erworben und nicht durch Nachdenken verarbeitet wurde, nicht in eine feste Überzeugung mündet. Daher kann es auch nicht zu einer echten Veränderung führen. Wenn wir jedoch durch kritisches Nachdenken zu einer tiefen Überzeugung von der Richtigkeit des Gehörten gelangt sind, kann das dazu führen, dass wir dieses Wissen mit großer Entschlossenheit zu einem Teil unserer persönlichen Haltung machen.

Dieser Prozess dient nicht nur der Entwicklung des Verstandes, sondern auch der Ausbildung unserer mehr emotionalen Werte wie dem Mitgefühl. Durch kritisches Nachdenken erkennen wir den Wert des Mitgefühls. Das wiederum kann bewirken, dass wir eine tiefe Bewunderung für die Tugend selbst entwickeln und beschließen, Mitgefühl in uns auf- und auszubauen, und dieser Entschluss führt zur praktischen Umsetzung. Mit anderen Worten: Das Erkennen des Nutzens lässt die Überzeugung entstehen, dass es sich lohnt, sie in die Praxis umzusetzen, und die Praxis führt dazu, dass wir den Wert oder die Tugend, der wir uns durch Nachdenken genähert haben, tatsächlich verwirklichen oder erschaffen.

FORMEN DER GEISTIGEN ENTWICKLUNG

In allen großen Religionen wird die Bedeutung der inneren Entwicklung betont, und viele der Techniken, die im Buddhismus praktiziert werden, finden sich in irgendeiner Form auch in anderen Traditionen. Vor allem mit den kontemplativen Traditionen Indiens gibt es viele Übereinstimmungen bei den verschiedenen Praktiken des mentalen Trainings. Aber es gibt auch weite Bereiche der Gemeinsamkeit mit anderen spirituellen Traditionen. Kürzlich habe ich mir beispielsweise eine sehr kurzweilige und informative Rede über kontemplatives Beten angehört, in der der Redner, ein Karmelitermönch, auf die erstaunlichen Parallelen zwischen christlichen und buddhistischen Techniken hinwies.

Doch auch wenn Meditation und geistige Weiterentwicklung vor allem mit einer religiösen Lebensführung in Verbindung gebracht werden, gibt es keinen Grund, warum man sie nicht auch in einem rein säkularen Kontext praktizieren könnte. Geistige Disziplin an sich setzt schließlich kein Glaubensbekenntnis voraus. Es bedarf dafür lediglich der Erkenntnis, dass es sich lohnt, einen ruhigeren, klareren Geist zu entwickeln, und dass es uns selbst und anderen nützt, wenn wir uns darum bemühen. Was meine eigene tägliche Praxis betrifft, so besteht sie neben speziellen religiösen und andachtsvollen Übungen aus zwei Haupttechniken zur geistigen Weiterentwicklung – der *diskursiven* oder *analytischen* Meditation und der *konzentrativen* Meditation. Erstere ist eine Art analytischer Prozess, in dessen Verlauf sich der Meditierende mit einer Reihe von Betrachtungen beschäftigt, während es bei Letzterer darum geht, die Aufmerksamkeit auf ein bestimmtes Objekt oder Ziel zu richten und den Geist vollkommen konzentriert darauf ruhen zu lassen. Ich halte die Kombination von den beiden Techniken für äußerst nützlich.

Um die verschiedenen Formen der mentalen Entwicklung zu verstehen, empfiehlt es sich, sie aus der Sicht ihres Ziels zu betrachten. So gibt es die Übung, *etwas als Objekt zu wählen*, wie es geschieht, wenn jemand zum Beispiel den Grundsatz der Gleichheit aller Lebewesen zum Gegenstand seiner Meditation macht. Dann gibt es die meditative Form der *Entwicklung positiver geistiger Eigenschaften*. Dabei werden Eigenschaften wie Mitgefühl oder liebende Güte nicht so sehr als Objekt der Übung betrachtet, sondern der oder die Praktizierende versucht, diese Eigenschaften in seinem oder ihrem Herzen zu entfalten. Die erste der beiden Herangehensweisen entspricht der Entwicklung von mentalen Zuständen, die eher kognitiv ausgerichtet sind, wie etwa das Verstehen, während die zweite eher gefühlsmäßig ausgerichtete mentale Zustände wie Mitgefühl entstehen lässt. Die beiden Prozesse könnte man als »Schulung des Geistes« und »Schulung des Herzens« bezeichnen.

Da wir in einer Zeit leben, in der vieles per Knopfdruck erledigt werden kann, erwarten einige von uns vielleicht, dass sich auch bei der Entwicklung des Geistes augenblicklich feststellbare Veränderungen zeigen. Vielleicht glauben wir, dass es, um einen inneren Wandel zu bewirken, lediglich der richtigen Formel oder des passenden Mantras bedarf. Doch das ist ein Irrtum. Die geistige Weiterentwicklung erfordert Zeit, aktives Bemühen und ausdauernde Entschlossenheit, und sie ist mit harter Arbeit verbunden.

DAS PROBLEM DES AUFSCHIEBENS

Die erste Voraussetzung für einen Anfänger, der eine mentale Weiterentwicklung anstrebt, ist die ernsthafte und aufrichtige Bereitschaft, sich auf die Übungen einzulassen. Wenn diese innere Entschlossenheit fehlt, wird der Betreffende höchstwahrscheinlich scheitern, bevor er überhaupt richtig angefangen hat. Ich erzähle im Zusammenhang mit dem Problem des Aufschiebens manchmal die Geschichte von einem Lama, der seinen Schülern, um sie anzuspornen, versprach, irgendwann ein Picknick mit ihnen zu veranstalten. Das Versprechen zeigte die gewünschte Wirkung, und die Schüler machten sich mit Eifer ans Lernen. Doch das versprochene Picknick ließ auf sich warten. Nach einer Weile erinnerte der jüngste Schüler, der nicht auf den angekündigten freien Tag verzichten wollte, den Lehrer an sein Versprechen. Darauf erwiderte der Lehrer, er habe zu viel zu tun, der Ausflug müsse also noch eine Weile warten. Monate vergingen, und der Herbst löste den Sommer ab. Wieder wandte sich der Schüler an den Lama: »Wann machen wir nun endlich dieses wunderbare Picknick?« Und wieder entgegnete der Lama: »Jetzt noch nicht. Ich habe viel zu viel zu tun.« Eines Tages bemerkte der Schüler einen Tumult. Er sah, dass ein Toter aus dem Kloster hinausgetragen wurde. »Was geht hier vor?«, erkundigte er sich. »Nun ja«, antwortete ein anderer Schüler, »unser armer Lama dort geht zu einem Picknick.«

Diese Geschichte will zeigen, dass wir uns für die Dinge, die wir uns vorgenommen und die wir anderen versprochen haben, Zeit nehmen und entschlossen sein müssen, sie zu tun, weil uns sonst immer wieder andere Verpflichtungen und dringende Anliegen dazwischenkommen, wobei der Tod dann jederzeit all unsere Pläne durchkreuzen kann.

DIE PRAKTIK PLANEN

Lassen Sie mich eine Warnung an den Anfang stellen. Wie der noch unerfahrene Meditierende sehr schnell feststellen wird, ist der Geist wie ein Wildpferd. Wie ein Wildpferd wird er Zeit brauchen und mit der Person, die ihn zähmen will, erst vertraut werden müssen, bevor er zur Ruhe kommt und Befehlen gehorcht. Auch wird der Anfänger erst mit der Zeit und mit sanfter Beharrlichkeit den wahren Gewinn der Meditation an sich spüren. Natürlich ist es in Ordnung, wenn man sich nur ein paar Tage Zeit nimmt, um ein kurzes Trainingsprogramm für die geistige Schulung zu absolvieren, aber es wäre falsch, die Ergebnisse zu bewerten, ohne dass man sich wirklich auf solch ein Training eingelassen hat. Es kann Monate und sogar Jahre dauern, bis man das ganze Ausmaß seines Nutzens bemerkt.

Was die äußeren Bedingungen für die Übungen betrifft, so sind die frühen Morgenstunden im Allgemeinen die beste Zeit dafür, weil dann der Geist am frischsten und klarsten ist. Man darf jedoch nicht vergessen, dass man gut ausgeschlafen sein muss, wenn die Übung am Morgen gelingen soll. Ich muss sagen, dass ich persönlich in dieser Hinsicht Glück habe. Obwohl ich jeden Morgen um halb vier aufstehe, schlafe ich im Durchschnitt acht bis neun Stunden am Tag, und ich habe einen sehr festen Schlaf. Für viele Menschen ist eine solche Zeitplanung sicher schwierig zu realisieren. Wenn beispielsweise kleine Kinder im Haus sind, ist es vielleicht unmöglich, in den frühen Morgenstunden zu meditieren. In diesem Fall ist es wahrscheinlich besser, einen anderen Zeitpunkt zu wählen, beispielsweise nach einem kurzen Mittagsschlaf oder wenn die Kinder aus dem Haus sind. Ich möchte außerdem darauf hinweisen, dass der Geist träge ist, wenn man zu viel und zu üppig gegessen hat. Idealerweise sollte man am Abend nur etwas Leichtes zu sich nehmen, wenn man am nächsten Morgen gut meditieren möchte.

In den frühen Phasen reichen als Dauer der Übung zehn bis fünfzehn Minuten. Tatsächlich ist es besser, sich bescheidene Ziele zu setzen, statt sich ein Programm vorzunehmen, das so ehrgeizig und unrealistisch ist, dass man eher entmutigt aufgibt, als sich das mentale Training zur Gewohnheit zu machen. Überdies ist es hilfreich, zusätzlich zur eigentlichen Sitzung täglich mehrfach ein paar Minuten Zeit zum Üben einzuplanen. So wie man ein Feuer in Gang hält, indem man es immer wieder behutsam schürt, kann man das Kontinuum der Meditation aufrechterhalten, indem man es von Zeit zu Zeit »auflädt«, damit das, was man zuvor erreicht hat, nicht vollkommen verblasst ist, wenn man mit der nächsten Sitzung beginnt.

Zur Auswahl eines für die Meditation geeigneten Ortes heißt es in den klassischen Übungsanleitungen, dass Geräusche wie ein Dorn sind, der sich in den Geist bohrt. Für die meisten Menschen wird es daher das Beste sein, wenn sie einen Ort wählen, an dem sie von Lärm abgeschirmt sind. Es empfiehlt sich außerdem, das Telefon abzustellen, bevor man beginnt. All das heißt aber nicht, dass man nicht mehr oder weniger an jedem Ort und zu jeder Zeit meditieren könnte. Ich spreche hier nur von den idealen Bedingungen. Ich persönlich finde, dass man die Zeit auf Reisen gut nutzen kann, indem man meditiert.

Als angemessene Körperhaltung beim Meditieren eignet sich jede Haltung, in der man sich wohlfühlt. Wenn man sich allerdings *zu* wohlfühlt, besteht die Gefahr, dass man einschläft. Im Allgemeinen ist es jedoch hilfreich, wenn man den Lotussitz einnimmt, bei dem die Beine übereinandergeschlagen sind und die Füße jeweils auf dem gegenüberliegenden Oberschenkel ruhen. In dieser Sitzhaltung ist dem Meditierenden angenehm warm, und der Rücken bleibt gerade und wird nicht belastet. Wenn diese Haltung am Anfang unbequem ist, kann man auch einfach mit überkreuzten Beinen sitzen, und wenn selbst diese Position schwer beizubehalten ist, spricht nichts dagegen, sich ab und zu auf einen Stuhl zu setzen. Man kann auch im Knien meditieren, wenn man diese Haltung aufgrund seiner religiösen Tradition vorzieht. Man sollte in jedem Fall die Position wählen, von der man sich am wenigsten abgelenkt fühlt.

Wenn man den Lotussitz wählt, kann man den Handrücken der Rechten entspannt auf der Handfläche der Linken ruhen lassen. Die Ellbogen werden locker ein wenig vom Körper abgewinkelt, damit die Luft durchfließen kann. Oft hilft es, wenn man auf einem Kissen sitzt, das hinten ein wenig höher ist. Das strafft den Rücken, der im Idealfall pfeilgerade sein sollte, wobei der Kopf leicht nach vorn geneigt ist. Man kann dem Durstgefühl, das sich bei bestimmten Atemübungen einstellt, vorbeugen, indem man die Zungenspitze an den Gaumen legt. Lippen und Zähne können bleiben wie sonst auch. Was die Augen betrifft, so muss jeder für sich selbst herausfinden, was für ihn das Beste ist. Manche Menschen meditieren am liebsten mit offenen Augen, andere empfinden das als sehr ablenkend. Für die meisten Menschen ist es am angenehmsten, die Augen vorwiegend halb geschlossen zu halten, andere wiederum finden es am hilfreichsten, die Augen beim Meditieren ganz zu schließen.

ENTSPANNEN UND DEN GEIST EINSTELLEN

Wenn man seine Position eingenommen hat, atmet man als Erstes ein paarmal tief durch. Dann atmet man wieder normal und konzentriert sich auf seinen Atem. Dabei achtet man darauf, wie die Luft durch die Nasenlöcher eingesogen wird und wieder hinausströmt. Dadurch soll ein neutraler Geisteszustand erreicht werden, der weder positiv noch negativ ist. Als Alternative kann man jeweils beim Einatmen und beim Ausatmen von eins bis fünf oder sieben zählen und dies einige Male wiederholen. Das stille Zählen hat den Vorteil, dass der Geist, wenn man ihn beschäftigt, nicht so leicht zu irrelevanten Gedanken abschweift. Doch welches Vorgehen man auch wählt, in jedem Fall hilft es, einen ruhigeren Geisteszustand zu erreichen, wenn man sich ein paar Minuten lang ausschließlich auf das Atmen konzentriert.

Diesen geistigen Einstellungsprozess kann man mit dem Färben eines Tuchs vergleichen. Weißer Stoff nimmt eine andere Farbe problemlos an, aber es ist schwer, ein farbiges Stück Stoff umzufärben, es sei denn, es soll schwarz werden. Ebenso schwer ist es, ein positives Ergebnis zu erzielen, wenn der Geist in Aufruhr ist.

Manchmal ist es schwer, sich überhaupt zu konzentrieren, weil man innerlich von starken Gefühlen wie Wut beherrscht wird. In diesem Fall kann es hilfreich sein, leise immer wieder ein paar Worte vor sich hin zu sagen. Eine Formel wie: »Ich lasse meine quälenden Gefühle los«, oder, für religiöse Menschen, ein kurzes Andachtsgebet oder ein mehrere Male wiederholtes Mantra können den Zwang der Gefühle lockern. Wenn diese Technik nicht funktioniert, muss man vielleicht erst einmal aufstehen und einen kurzen Spaziergang machen, bevor man es noch einmal versucht.

Vor allem in der Anfangsphase kann es vorkommen, dass die negativen Gedanken nach kurzer Zeit zurückkehren. In diesem Fall kann es sein, dass die Übungen zur Beruhigung des Geistes eine ganze Sitzung in Anspruch nehmen. Dagegen ist nichts einzuwenden. Auch das ist eine Form des geistigen Trainings. Indem man durch Erfahrung lernt, wie der Geist funktioniert und welche Techniken für einen selbst am besten geeignet sind, wird man allmählich vertrauter mit einem neutraleren Geisteszustand. Das allein ist schon ein großer Fortschritt.

Wenn man so weit ist, dass man in einer Sitzung innerhalb weniger Minuten einen Zustand der Ruhe erreicht, kann man mit dem eigentlichen Training beginnen.

In der Anfangsphase des Trainings empfiehlt es sich, nacheinander verschiedene Übungen durchzuführen. Zunächst stellt man vielleicht fest, dass es unmöglich ist, die Konzentration länger als ein paar Minuten – oder auch nur ein paar Sekunden – aufrechtzuerhalten. Das ist völlig normal. Sobald man merkt, dass man abgelenkt ist, kehrt man einfach behutsam zu dem Punkt zurück, an dem man sich befunden hat, bevor die Ablenkung einsetzte. Das sollte ohne Selbstvorwürfe oder Ärger geschehen. Man stellt einfach nur geduldig fest, was der Geist tut, und richtet seine Aufmerksamkeit in aller Ruhe neu aus. Wichtig ist dabei, dass man sich nicht entmutigen lässt.

NACHDENKEN ÜBER DIE POSITIVE WIRKUNG DES MENTALEN TRAININGS

Eine nützliche Übung zu Beginn einer Sitzung besteht darin, über die positive Wirkung des Meditierens nachzudenken. Das Meditieren, und das ist sein unmittelbarer Nutzen, verschafft uns eine kurze Atempause von den Sorgen, Plänen und Fantasien, mit denen unser Geist ansonsten oft zwanghaft beschäftigt ist. Das allein ist schon außerordentlich wohltuend. Es lohnt sich auch, darüber nachzudenken, dass geistige Übungen ein sicherer Weg zur höchsten Weisheit sind, auch wenn dies ein langer Weg mit vielen Hindernissen ist.

Man sollte außerdem ein wenig Zeit darauf verwenden, sich zu überlegen, was geschehen kann, wenn man die Übungen unterlässt. Es besteht die Gefahr, dass wir wie der Mönch in der Picknick-Geschichte als Leichnam aus dem Haus getragen werden, bevor wir auch nur erfahren haben, wie gewinnbringend es ist, sich diesen Anstrengungen zu unterziehen. Wer sich nie auf diese Art von Arbeit einlässt, hat wenig Aussichten, wirksam mit den negativen Gedanken und Gefühlen umzugehen, die, wenn sie uns beherrschen, alle Hoffnung auf inneren Frieden zunichtemachen.

Wenn wir eingehend über diese beiden entgegengesetzten Möglichkeiten und über die Vorteile der einen verglichen mit den Nachteilen der anderen nachgedacht haben, wechseln wir zwischen beiden hin und her. Indem wir das tun, werden wir feststellen, dass der Nutzen erheblich schwerer wiegt als jedes Argument gegen das Üben. Auf dieser Feststellung lassen wir den Geist eine Weile ruhen, bevor wir uns der nächsten Phase der Sitzung zuwenden.

EINIGE FORMELLE ÜBUNGEN

KONZENTRIERTE AUFMERKSAMKEIT

Eine formellere Meditationspraxis ist das Üben anhaltender Aufmerksamkeit durch die Konzentration auf einen einzigen Punkt. Dabei wählt man ein Objekt als Punkt, auf den sich die Aufmerksamkeit konzentriert. Das kann eine Blume sein, ein Gemälde oder einfach ein Lichtfleck; oder auch, wenn der Meditierende ein praktizierender religiöser Mensch ist, ein sakrales Objekt wie ein Kruzifix oder ein Bildnis des Buddha. Auch wenn es für Anfänger hilfreich sein kann, ein reales Objekt als Konzentrationshilfe vor sich zu haben, ist der physisch vorhandene Gegenstand nicht das Zentrum der Aufmerksamkeit. Vielmehr versucht man, wenn man das Objekt gewählt hat, ein geistiges Bild davon zu entwickeln, und wenn man sich mit diesem Bild vertraut gemacht hat, hält man es vor seinem inneren Auge fest. Dieses mentale Bild des Objekts dient als Anker für die Meditation.

Wenn man sich entspannt hat und der Geist zur Ruhe gekommen ist, versucht man, die Konzentration auf das Objekt aufrechtzuerhalten. Visualisieren Sie es etwa eineinhalb Meter vor sich in Höhe Ihrer Augenbrauen. Stellen Sie sich vor, es sei etwa fünf Zentimeter hoch und strahle Licht aus, sodass das Bild hell und klar ist. Versuchen Sie außerdem, sich vorzustellen, dass es schwer ist. Die Vorstellung von Schwere wirkt innerer Spannung entgegen, während die Helligkeit des Objekts verhindert, dass die Aufmerksamkeit erschlafft.

Bei dieser Art von Meditation empfiehlt es sich, die Augen nicht zu schließen, sondern sie ein kleines Stück weit geöffnet zu halten und nach unten zu schauen. Manchmal schließen sie sich von allein, was völlig in Ordnung ist. Wichtig ist lediglich, dass sie weder weit offen noch fest geschlossen sind. Ich möchte an dieser Stelle auch darauf hinweisen, dass es für Menschen, die wie ich normalerweise eine Brille tragen, nicht unbedingt eine gute Idee ist, diese beim Meditieren abzunehmen. Auch wenn die Gefahr visueller Ablenkungen ohne Brille geringer ist, führt die Unschärfe des Sehens unter Umständen dazu, dass wir lasch und träge werden. Das wiederum kann bewirken, dass aus der Meditation eine ungerichtete Träumerei wird. Wenn das geschieht, hilft es, an etwas Angenehmes zu denken; etwas, das einen mit einem Gefühl der Freude erfüllt. Oder denken Sie an etwas Ernüchterndes, vielleicht sogar an etwas, das Sie ein bisschen traurig macht. Sie können sich auch vorstellen, dass Sie von einer Anhöhe aus, die Ihnen einen freien Ausblick in alle Richtungen gewährt, nach unten blicken.

Wenn das Gegenteil eintritt – wenn Sie durch etwas abgelenkt werden, das Sie sehen – müssen Sie Ihre Aufmerksamkeit von den Augen lösen. In diesem Fall kann es hilfreich sein, vor einer weißen Wand zu sitzen.

Wenn sich das Objekt, das Sie visualisieren, vor Ihrem geistigen Auge gefestigt hat – nach vielen, vielen Wochen oder sogar Monaten ausdauernder Praxis vielleicht –, versuchen Sie, den Geist selbst zu betrachten, wie er das Objekt im Blick hält. Sie konzentrieren sich auf den Geist, versuchen aber gleichzeitig, ihn wie aus einem Winkel zu beobachten, um zu verhindern, dass er unbeabsichtigt allzu entspannt wird, denn dann kann es sein, dass der Schlaf nicht mehr fern ist. Wenn es Ihnen jedoch gelingt, ein starkes und klares geistiges Bild zu erzeugen, können Sie beginnen, sich mit der Art von Konzentration vertraut zu machen, die Sie im Alltag vielleicht nur erleben, wenn Sie sich bemühen, ein besonders anspruchsvolles gedankliches Problem zu lösen. Denn wenn man gelernt hat, seinen Geist wirklich auf etwas zu konzentrieren, dann kann man – so wie das Wasser durch ein Wasserkraftwerk gelenkt wird und damit enorme Energie erzeugt, die gebraucht wird, um die Turbinen anzutreiben – die ganze Kraft seines Geistes aufwenden, um sich auf Eigenschaften wie Mitgefühl, Geduld, Toleranz und Versöhnlichkeit zu konzentrieren.

Selbst wenn Sie sich eine gewisse Fähigkeit angeeignet haben, Ihre Konzentration aufrechtzuerhalten, werden Sie unweigerlich feststellen, dass Ihre Aufmerksamkeit von Zeit zu Zeit nachlässt und Ihre Gedanken von dem gewählten Objekt abschweifen, weil Sie durch ein äußeres Geschehen oder innere Gedankenvorgänge abgelenkt werden. Wenn Sie merken, dass Ihr Geist zu wandern beginnt, so nehmen Sie dies bewusst war und lenken ihn dann behutsam wieder auf das Objekt zurück. Frischen Sie, wenn nötig, von Zeit zu Zeit Ihre Visualisierung des Objekts auf, damit das Bild nicht an Klarheit verliert.

Zwei Aspekte sind bei dieser Art der Meditation entscheidend: die Klarheit des Geistes und innere Festigkeit. Geistige Klarheit hilft Ihnen, die Konzentration aufrechtzuerhalten; innere Festigkeit unterstützt Sie dabei, diese Klarheit zu erzeugen, indem sie anzeigt, ob Ihre Aufmerksamkeit wach bleibt oder nicht. Um zu gewährleisten, dass diese beiden Faktoren fortgesetzt gegenwärtig sind, müssen Sie zwei wichtige Fähigkeiten entwickeln und anwenden, nämlich Achtsamkeit und nach innen gerichtete Aufmerksamkeit. Durch die beharrliche Anwendung dieser beiden Fähigkeiten lernen Sie allmählich, Ihre Konzentration zu trainieren, bis Sie in der Lage sind, Ihre Aufmerksamkeit über eine längere Zeitspanne hinweg aufrechtzuerhalten.

Fassen wir also zusammen: In einer den Regeln folgenden

Sitzung lassen wir als Erstes durch Atmen unseren Geist zur Ruhe kommen. Dann wählen wir das Objekt unserer Meditation aus und konzentrieren uns darauf, wobei wir von Zeit zu Zeit überprüfen, ob unsere Aufmerksamkeit abgelenkt wurde. Wenn wir bemerken, dass unser Geist wandert, lenken wir ihn behutsam auf das Objekt der Meditation zurück und fahren mit der Übung fort. Wenn wir die Sitzung beenden möchten, tun wir dies wieder mit einigen Atemübungen, sodass wir sie in einem entspannten Geisteszustand ausklingen lassen.

GEGENWÄRTIGE AUFMERKSAMKEIT

Eine weitere hilfreiche Praktik besteht darin, den Geist, wenn er durch Atemübungen entspannt ist, gewissermaßen in seinem natürlichen Zustand eines elementaren Bewusstseins, den man als »gegenwärtige Aufmerksamkeit« bezeichnen kann, zu belassen. Es ist wichtig, dass Sie diese Übung mit dem festen Entschluss beginnen, Ihren Geist nicht durch Gedanken daran, was in der Zukunft passieren könnte, oder durch Erinnerungen an Dinge, die sich in der Vergangenheit ereignet haben, ablenken zu lassen. Setzen Sie sich vielmehr das Ziel, sich einfach auf den gegenwärtigen Augenblick zu konzentrieren und diese Konzentration so lange wie möglich aufrechtzuerhalten. Bei dieser Übung sollten Sie am besten so sitzen, dass Sie auf eine Wand blicken, die keine auffälligen Farben oder Muster aufweist. Nach einigen tiefen Atemzügen lassen Sie Ihren Geist ruhen und fangen Sie an, ihn zu beobachten.

Das ist anfangs ziemlich schwierig. Im normalen Leben ist unsere geistige Welt von objektorientierten Zuständen in Form von sinnlicher Erfahrung, von Gedanken, Erinnerungen oder

Ideen beherrscht. Sehr selten erleben wir einen Zustand, der nicht an einen bestimmten Inhalt gebunden ist, sondern einfach in der natürlichen Aufmerksamkeit des Geistes ruht. Wenn Sie also anfangen, diese Meditation durchzuführen, werden Sie unweigerlich feststellen, dass Ihr Geist abschweift, Gedanken und Bilder durch Ihr Bewusstsein ziehen oder unvermittelt Erinnerungen auftauchen. Wenn das passiert, verfangen Sie sich nicht in der Energie dieser Gedanken und Bilder, indem Sie versuchen, sie zu unterdrücken oder zu verstärken. Beobachten Sie sie einfach und lassen Sie sie dann weiterziehen, als wären es Wolken, die am Himmel auftauchen und wieder aus dem Blickfeld verschwinden, oder Blasen, die aufsteigen und sich wieder im Wasser auflösen. Mit der Zeit werden Sie beginnen, hin und wieder einen flüchtigen Blick auf den aufmerksamen Grundzustand Ihres Geistes oder, anders ausgedrückt, auf seine »reine Leuchtkraft« zu werfen. Wenn Sie diesen Weg weiterverfolgen, werden Sie immer einmal wieder kurze Phasen erleben, in denen Sie das Gefühl einer Leere oder eines Vakuums haben, weil Ihr Geist frei von jedwedem Inhalt ist. Die ersten Erfolge dieser Übung werden flüchtiger Natur sein. Aber mit Ausdauer und Beharrlichkeit können Sie Ihre anfänglichen kurzen Blicke allmählich ausweiten und zu verstehen beginnen, dass der Geist wie ein Spiegel oder wie klares Wasser ist, in dem Bilder auftauchen und verschwinden, ohne das Medium, in dem sie erscheinen, in irgendeiner Weise zu tangieren.

Ein bedeutender Nutzen, den diese Übung mit sich bringt, besteht darin, dass Sie die Fähigkeit erwerben, Ihre Gedanken beobachten zu können, ohne sich in sie hineinziehen zu lassen. Wie ein unbeteiligter Zuschauer, der sich ein Schauspiel ansieht, werden Sie lernen, Ihre Gedanken als das zu betrachten, was sie sind, nämlich Gebilde Ihres Geistes. Sehr viele Probleme entstehen daraus, dass wir in unserem naiven, ungeschulten Geisteszustand unsere Gedanken mit der realen Wirklichkeit verwechseln. Wir nehmen den Inhalt unserer Gedanken für bare Münze und bauen unsere gesamte Wahrnehmung und unsere Reaktion auf die Realität darauf auf. Indem wir das tun, binden wir uns noch fester an eine Welt, die im Wesentlichen unsere eigene Schöpfung ist, und verfangen uns darin wie ein Seil, das sich an seinen eigenen Knoten verhakt und verwickelt hat.

SCHULUNG DES MITGEFÜHLS UND DER LIEBENDEN GÜTE

Bei einer anderen Gruppe höchst nutzbringender Meditationspraktiken geht es um die Entwicklung positiver mentaler Eigenschaften wie Mitgefühl und liebende Güte. Diese Übungen bedienen sich bewusster Denkprozesse. Wieder beginnen wir zur Entspannung und zur Erzeugung innerer Ruhe mit einer vorbereitenden Atemübung. Erst dann fangen wir mit der eigentlichen Praktik an.

Die folgenden Übungen sind besonders gut geeignet, wenn Sie sich mit Ihrer Haltung oder mit Ihren Gefühlen gegenüber einem Menschen herumquälen, mit dem Sie Probleme haben. Stellen Sie sich diese Person zunächst einmal vor und beschwören Sie ein so lebendiges Bild von ihr herauf, dass Sie ihre Gegenwart geradezu spüren. Denken Sie nun darüber nach, dass auch diese Person Hoffnungen und Träume hat und sich über Erfolge freut und bei Missgeschicken traurig ist. In dieser Hinsicht besteht nicht der geringste Unterschied zwischen dieser Person und Ihnen. Genau wie Sie möchte der andere glücklich sein und nicht leiden.

Versuchen Sie, indem Sie dieses gemeinsame grundlegende Streben anerkennen, sich mit dieser Person verbunden zu fühlen, und entwickeln Sie den Wunsch, dass der andere glücklich sein möge. Manchmal hilft es, diesen Wunsch leise mit Worten zu wiederholen, indem Sie etwa sagen: »Mögest du frei sein von Leid und seinen Ursachen. Mögest du glücklich werden und Frieden erlangen.« Lassen Sie Ihren Geist nun in diesem Zustand des Mitgefühls ruhen. Bezogen auf die beiden Meditationsformen, die ich an früherer Stelle beschrieben habe, die diskursive oder analytische und die konzentrative Meditation, beinhaltet diese Übung zur Entwicklung von Mitgefühl vor allem einen analytischen Prozess, aber man sollte den Geist auch ab und zu in einem Zustand der Konzentration ruhen lassen, ungefähr so, wie man im Verlauf einer Diskussion ein abschließendes Argument einbringt.

Da ich auf das Thema Mitgefühl bereits recht ausführlich eingegangen bin, werde ich es hier nicht weiter behandeln. Man kann bei der bewussten Entwicklung von Mitgefühl auf viele der an früherer Stelle beschriebenen Aspekte zurückgreifen. Und diese Kombination von Methoden – ein analytisches und ein konzentratives mentales Training im Wechsel – lässt sich auch bei der Ausbildung innerer Werte wie Geduld und Langmut sehr gut praktizieren.

KULTIVIERUNG VON GLEICHMUT

Wenn ich von Gleichmut spreche, meine ich vor allem die Geisteshaltung, die im Tibetischen als *tangnyom* bezeichnet wird. Sie umfasst das Fehlen jeglicher Habgier und die Fähigkeit, Dinge klar und unvoreingenommen zu sehen.

Zur Entwicklung von Gleichmut gibt es zwei zentrale Übungen. Die eine lässt sich mit dem Einebnen eines Gartenbeets vergleichen, durch das die von uns gepflanzten Blumen gleichmäßig und schön wachsen können. Durch diese Übung soll die gewohnheitsmäßige Neigung gezügelt werden, unser Verhältnis zu anderen nach ichbezogenen Kategorien, wie sie die Einteilung in Freunde, Feinde und Fremde darstellt, zu definieren. Bei der zweiten Übung geht es darum, sozusagen ein Bauchgefühl dafür zu entwickeln, dass wir und andere als Menschen, die nach Glück streben und Leid vermeiden wollen, gleich sind.

Die erste Übung basiert wieder auf analytischen Denkprozessen. Zwar ist es normal, wenn wir uns den Menschen, die wir lieben, nahe fühlen und denen gegenüber, die uns Böses wollen, ablehnend und Fremden gegenüber gleichgültig reagieren, doch wenn wir aus selbstbezogenen Gründen allzu verbissen an diesen Kategorien festhalten, erzeugen wir allzu oft unnötiges Leid und vermeidbare Probleme. Hierin wurzelt, wie schon an früherer Stelle bemerkt, unsere Bereitschaft, zwischen »uns« und »denen« zu unterscheiden. Wenn wir also anderen gegenüber größeren Gleichmut entwickeln, hilft uns das in vieler Hinsicht, vor allem aber dabei, ein ethisches Leben zu führen.

Beginnen Sie auch diese Praktik mit einer Atemübung, um sich zu entspannen und Ihren Geist zur Ruhe zu bringen. Das weitere Vorgehen ist dann wie folgt: Stellen Sie sich eine kleine Gruppe von Menschen vor, die Sie mögen, einige Ihrer engsten Freunde und Verwandten beispielsweise, und lassen Sie dieses Bild so detailgetreu und wirklichkeitsnah wie möglich entstehen. Stellen Sie dann das Bild einer Gruppe von Menschen daneben, denen Sie keinerlei Gefühle entgegenbringen, etwa Leute, denen Sie bei der Arbeit oder beim Einkaufen begegnen.

Stellen Sie sich auch dieses Bild so detailgenau wie möglich vor. Fügen Sie nun noch ein drittes Bild hinzu, diesmal von einer Gruppe von Menschen, die Ihnen unsympathisch sind, mit denen Sie im Streit liegen oder deren Ansichten Ihnen zutiefst widerstreben, und stellen Sie sich auch dieses Bild möglichst deutlich und in allen Einzelheiten vor.

Lassen Sie, nachdem Sie die Bilder dieser drei Gruppen erzeugt haben, Ihre üblichen Gefühle diesen Menschen gegenüber aufsteigen. Achten Sie nacheinander darauf, welche Gedanken und Gefühle Sie den verschiedenen Gruppen gegenüber haben. Sie werden feststellen, dass Sie automatisch dazu tendieren, der ersten Zuneigung, der zweiten Gleichgültigkeit und der dritten Feindseligkeit entgegenzubringen.

Wenn Sie das erkannt haben, wenden Sie sich Ihrem eigenen Geist zu und prüfen Sie, welche Wirkung die drei unterschiedlichen Reaktionen jeweils auf Sie haben. Sie werden feststellen, dass Sie Ihre Gefühle der ersten Gruppe gegenüber als angenehm empfinden, dass sie Selbstvertrauen und Stärke suggerieren, verbunden mit dem Wunsch, Leid von diesen Menschen fernzuhalten. Was Ihre Gefühle der zweiten Gruppe gegenüber betrifft, so werden diese Sie kaum berühren und kein besonderes Interesse in Ihnen wecken. Die Gefühle jedoch, die Sie der dritten Gruppe gegenüber haben, werden Gedanken in Ihnen auslösen, die sich in eine negative Richtung bewegen.

Beginnen Sie nun eingehend nachzudenken; benutzen Sie dabei Ihr kritisches Urteilsvermögen. Die Menschen, die wir heute als Feinde betrachten, sind es morgen vielleicht nicht mehr. Das Gleiche gilt für unsere Freunde. Hinzu kommt, dass uns die Gefühle, die wir unseren Freunden entgegenbringen, das der Verhaftetheit beispielsweise, Probleme bereiten können, während unser Verhältnis zu Feinden positive Auswirkungen haben kann, indem es uns beispielsweise stärker und wachsamer macht.

Das Nachdenken über so komplexe Sachverhalte kann dazu führen, dass wir zu überlegen beginnen, wie unsinnig es ist, auf andere – seien es die Menschen in der dritten oder auch die in der ersten Gruppe – mit so extremen Gefühlen zu reagieren. Wenn Sie erkannt haben, dass diese Art, auf andere zu reagieren, Sie daran hindert, ihnen mit gutem Willen zu begegnen, und außerdem Ihren inneren Frieden beeinträchtigt, können Sie als Nächstes versuchen, die Intensität Ihrer Gefühle zu verringern. Durch diese Übung entwickeln Sie allmählich die Fähigkeit, anderen nicht entsprechend Ihrer polarisierenden Einordnung in Freunde und Feinde zu begegnen, sondern als Mitmenschen, deren grundsätzliche Gleichheit mit Ihnen Sie anerkennen.

Bei der zweiten Form der Übung von Gleichmut können Sie auf viele Aspekte zurückgreifen, von denen im zweiten Kapitel, in dem es um das gemeinsame Menschsein ging, die Rede war. Entscheidend sind hier zwei einfache Wahrheiten: Genau wie ich haben auch alle anderen den instinktiven und legitimen Wunsch, glücklich zu sein und kein Leid zu erfahren, und genau wie ich haben auch alle anderen das Recht, danach zu streben, dass sich dieser uns allen innewohnende Wunsch erfüllt. Wenn wir gründlich über diese Wahrheiten nachgedacht haben, können wir uns fragen: Mit welcher Begründung machen wir einen so deutlichen Unterschied zwischen uns und anderen? Wenn wir diese Übung unzählige Male wiederholen, nicht nur in zwei oder drei Sitzungen, sondern über Wochen, Monate oder sogar Jahre hinweg, werden wir nach und nach feststellen, dass wir imstande sind, eine wahre innere Gleichmut zu entwickeln, die auf der tiefen Erkenntnis basiert, dass sich alle Menschen in ihrem Streben nach Glück und ihrem Wunsch, Leid zu vermeiden, gleichen.

SICH AM VORBILD ANDERER ERFREUEN

Ebenfalls hilfreich für die Entwicklung förderlicher mentaler Zustände ist eine analytische Praktik, die das Vorbild eines Menschen, dem wir große Bewunderung entgegenbringen, zu ihrem Objekt macht. In mancher Hinsicht ist es nicht anderes, als wenn wir zur Anregung Rollenbilder heranziehen. Für nichtreligiöse Menschen kann das eine Person aus der Vergangenheit oder der Gegenwart sein, die sie um ihres Mitgefühls oder ihrer Selbstlosigkeit willen bewundern: ein Arzt, eine Krankenschwester, ein Lehrer oder eine Wissenschaftlerin vielleicht. Für religiöse Menschen kann es beispielsweise der Religionsgründer oder ein Heiliger ihrer eigenen Glaubensrichtung sein. Indem wir über die bewunderte Person nachdenken und darüber, wie sie für andere gelebt hat oder lebt und wie sehr ihr Verhalten von Mitgefühl geprägt war oder ist, machen wir uns mit ihrem Beispiel vertraut.

Ziel dieses analytischen Geistestrainings ist es unter anderem, ein unmittelbares Verständnis von einer bestimmten Eigenschaft zu gewinnen. In diesem Fall analysieren wir die Motive, die Menschen dazu bringen, ihr Leben in den Dienst anderer zu stellen. Wenn wir sie erkannt und verstanden haben, können wir uns auf sie konzentrieren, um auf diese Weise durch unmittelbare, intuitive Einsicht in die mitfühlende Motivation, die das eigentliche Objekt dieser Übung ist, mit ihr zu verschmelzen. Mit anderen Worten: Wir schulen uns selbst in der

Fähigkeit, im täglichen Leben so zu handeln, wie es die bewunderte Person tun würde, so dass wir beispielsweise, wenn uns das Leid anderer bewusst wird, das Bedürfnis haben, so darauf zu reagieren, wie es diese Person tun würde. Auf diese Weise versuchen wir also, zunächst unsere Einstellung und dann unser Verhalten anderen gegenüber zu verändern. Und genau darum geht es beim Meditieren: Es soll unser Handeln anstoßen und beeinflussen. Wenn es das nicht tut, hat es eigentlich nicht viel Sinn.

DER UMGANG MIT QUÄLENDEN EINSTELLUNGEN UND GEFÜHLEN

Ein Bereich, in dem ein analytisches Geistestraining überaus wirkungsvoll sein kann, ist der Umgang mit destruktiven Gefühlen und Haltungen. Diese Praktik beginnen Sie am besten damit, dass Sie einen quälenden mentalen Zustand auswählen, der Ihre Persönlichkeit beherrscht. Jeder von uns trägt die ganze Bandbreite destruktiver Eigenschaften in sich, aber welche davon in den Vordergrund treten, hängt von der individuellen Veranlagung jedes Einzelnen ab. Manche neigen eher zu den destruktiven Gefühlen der Wutfamilie wie Ärger, Erregung, Feindseligkeit und Jähzorn; andere zu Intoleranz, Eifersucht und Neid auf die Erfolge anderer; noch andere sind eher für negative Eigenschaften aus der Gefühlsfamilie der Verhaftung anfällig wie Verlangen, Gier oder Wollust; bei wieder anderen ist das Problem das genaue Gegenteil: Sie sind gleichgültig oder unfähig, Beziehungen zu anderen herzustellen.

Wenn Sie sich entschieden haben, welche quälende Emotion oder Haltung Sie angehen möchten, beginnen Sie, wie schon beschrieben, mit einer entspannenden Atemübung. Dann sind Sie bereit für die eigentliche Übung.

Denken Sie zunächst über die destruktive Wirkung des mentalen Zustands nach, den Sie gewählt haben. Wenn es Wut ist, überlegen Sie, wie das Gefühl Ihre innere Ruhe augenblicklich zunichtemacht, wie es eine negative Stimmung erzeugt und die Atmosphäre um Sie herum vergiftet. Bedenken Sie auch, dass Sie dazu neigen, im Zorn verletzende Dinge zu sagen, selbst Menschen gegenüber, die Ihnen am Herzen liegen, und dass die Wut Ihre Interaktion mit anderen im Allgemeinen negativ beeinflusst. Das Nachdenken über die destruktive Natur dieses Geisteszustandes muss so tief gehen, dass Sie ihm gegenüber mit der Zeit eine Grundhaltung der Vorsicht und der Wachsamkeit entwickeln. Ein berühmter tibetischer Meditationspraktiker hat einmal gesagt: »Ich habe nur eine einzige Aufgabe: Wache zu stehen am Eingang meines Geistes. Wenn die negativen Gefühle angriffsbereit sind, bin auch ich angriffsbereit; wenn sie entspannt sind, bin auch ich entspannt.«

Sobald Sie von der destruktiven Natur Ihrer quälenden Gefühle überzeugt sind, können Sie mit der nächsten Stufe der Meditation beginnen. Hier geht es darum, ein tieferes Bewusstsein von dem Geisteszustand selbst und vor allem dafür zu entwickeln, wie er beginnt. Indem Sie sich vertraut damit machen, wie es sich – körperlich, subjektiv und psychisch – für Sie anfühlt, wenn solche Gefühle aufkommen, können Sie lernen, diese zu erkennen, bevor sie Unheil anrichten. Je genauer Sie die typischen Begleiterscheinungen bestimmter Gefühle erkennen können, umso eher sind Sie in der Lage, achtsame Aufmerksamkeit in den Prozess einzubringen und die Kausalkette frühzeitig zu unterbrechen.

Die dritte Stufe dieser mentalen Übung zum besseren Umgang mit quälenden Geisteszuständen besteht in der Anwendung der passenden Gegenmittel, etwa von Geduld als Mittel gegen Wut, von liebender Güte als Mittel gegen Hass, von Nachdenken über die Unvollkommenheit eines Objekts als Mittel gegen die Gier oder das Verlangen nach diesem Objekt und so weiter. Das kann eine äußerst wirkungsvolle Maßnahme sein, um quälende mentale Zustände abklingen zu lassen. Auf allen drei Stufen dieser Meditationspraktik ist es, wie gesagt, wichtig, dass auf diskursive, analytische Prozesse als Abschluss immer wieder die Konzentration auf einen Punkt folgt, damit der Geist zur Ruhe kommt. Durch diesen Wechsel zwischen den meditativen Methoden kann die Wirkung der Übung tief in den Geist einsickern, sodass sie sich auch im täglichen Leben zu zeigen beginnt.

HINDERNISSE, DIE EINER GUTEN MENTALEN WEITERENTWICKLUNGSPRAKTIK IM WEGE STEHEN

Anfangs wird der Praktizierende dieser Formen der geistigen Disziplin vermutlich auf Schwierigkeiten stoßen und Rückschläge erleben. Es gibt jedoch ein paar nützliche Fertigkeiten, die man sich ohne große und ausdauernde Anstrengung aneignen kann. Noch mehr Schwierigkeiten sind zu erwarten, wenn es um die mentale Weiterentwicklung geht, denn nicht nur die angestrebten Ziele unseres Bemühens sind mental, sondern auch das Medium, über das wir praktizieren, sowie der Bereich, in dem die Übung stattfindet. Hier stoßen auch fortgeschrittene Praktizierende noch auf Hindernisse.

Unabhängig davon, ob der Praktizierende Anfänger oder Fortgeschrittener ist, gibt es neben den allgemeinen motivationsbezogenen Problemen zwei Haupthindernisse, die einer guten Meditation im Wege stehen. Das eine ist Ablenkung, das andere Nachlässigkeit oder, wie man es auch nennen kann, »mentales Wegsacken«. Anfänger erleben meist zuerst die Ablenkung: die Zerstreuung des Geistes, wenn er Gedanken, Ideen oder Gefühlen nachjagt, die ihn erregen und verhindern, dass er einen stabilen Zustand der Ruhe erreicht. Ablenkung kann die Form grober Erregung annehmen, wobei das Objekt der Meditation völlig verlorengeht. Es kann aber auch in subtilerer Form auftreten, wobei das Objekt zwar nicht ganz aus dem Blick gerät, ein Winkel des Geistes sich aber mit etwas anderem beschäftigt, so dass wir es nicht schaffen, uns richtig zu konzentrieren.

Wie wir diese Hindernisse, die einer guten Meditation im Wege stehen, überwinden, hängt von der individuellen Erfahrung des Praktizierenden ab. Manchmal reicht es, wenn wir uns das Ziel unserer geistigen Weiterentwicklung in Erinnerung rufen. Manchmal müssen wir das, was wir praktizieren wollten, auch ganz aufgeben und uns einer anderen Übung zuwenden. Oder wir legen eine kurze Atemübung ein oder sprechen ein paar Worte, die zur Situation passen. Das kann ein ganz einfacher Satz sein wie: »Ich lasse meine Ablenkung los«, den wir langsam und bewusst ein paarmal wiederholen. Manchmal müssen wir die Sitzung auch unterbrechen und ein paar Minuten lang im Raum auf und ab gehen. Wie sonst auch, kommt es vor allem darauf an, dass wir uns nicht entmutigen lassen.

Das zweite Haupthindernis, das einer erfolgreichen Übung im Wege steht, Nachlässigkeit oder mentales Wegsacken, stellt sich ein, wenn unser Geist allzu entspannt ist. Es gelingt uns, uns von unseren gewohnten Gedanken zu lösen und den Geist von Ablenkungen zu befreien, aber dann sind wir, weil unser Energiestand niedrig ist, nicht wachsam genug, und unser Geist sackt weg, und wir sind sozusagen »weggetreten«. Übungen zur geistigen Weiterentwicklung können entspannend sein, aber der Zustand der Entspannung ist nicht das, was die Übungen bezwecken sollen. Wir müssen vielmehr einen Zustand aufbauen und beibehalten, in dem der Geist ruhig, aber aufmerksam ist. Tatsächlich kann die anhaltende Gewöhnung an einen Zustand, der entspannt, aber nicht aufmerksam ist, die Klarheit unseres Geistes trüben.

Wie wir den Zustand der Nachlässigkeit überwinden, ist von Person zu Person und von Sitzung zu Sitzung verschieden. Es kann helfen, ein Stück weit in zügigem Tempo zu laufen oder sich für ein paar Momente ein helles Licht vorzustellen. Für einen religiösen Menschen kann es hilfreich sein, kurz über die Eigenschaften einer Persönlichkeit, die in ihrer religiösen Tradition eine herausragende Rolle spielt, nachzudenken. Oder wir können uns vorstellen, dass wir bewusst ins All springen. Was wir tun, hängt, wie so oft, davon ab, welches Mittel für uns persönlich am besten funktioniert. Wenn Sie feststellen, dass Ihr Geist ein wenig zu niedergeschlagen ist, so ist das ein Zeichen, dass das Hindernis der Nachlässigkeit aufzutauchen beginnt. Um dem entgegenzuwirken, müssen Sie einen Weg finden, Ihren Geist zu beleben.

DIE FRAGE DES FORTSCHRITTS

Mit den Übungen zur geistigen Weiterentwicklung verhält es sich wie mit jeder anderen menschlichen Aktivität: Verschiedene Menschen brauchen unterschiedlich lange, um Fortschritte zu erzielen, und erreichen verschiedene Ebenen des Erfolgs zu unterschiedlichen Zeiten, je nach ihrem Alter, ihrer körperlichen Verfassung, ihrem Verstand und anderen Faktoren. Ein Praktizierender, der über eine starke Fähigkeit zur Selbstwahrnehmung verfügt, wird schnell lernen zu erkennen, wann sich ein Zustand der Ablenkung oder der Nachlässigkeit ankündigt, und Maßnahmen ergreifen, damit weder das eine noch das andere zur vollen Entfaltung kommt. Bei anderen wird dies länger dauern. Beides ist jedenfalls kein Grund, stolz zu sein oder sich zu grämen. Stattdessen sollten wir, wann immer sich ein Hindernis aufbaut, eine Haltung der Bescheidenheit annehmen und versuchen, das Hindernis ohne Groll zu überwinden.

DIE FREUDE AM GEISTIGEN TRAINING

Je weiter wir mit unseren Übungen vorankommen, umso deutlicher wird uns die Trainierbarkeit des Geistes bewusst. Wir lernen, negative Gedanken durch positive zu ersetzen und den Griff, mit dem quälende Gedanken und Gefühle unseren Geist umklammert halten, zu lockern. Es geht hier keinesfalls darum, negative Gedanken oder Gefühle zu unterdrücken. Vielmehr müssen wir sie als das erkennen, was sie sind, und sie durch positive Geisteszustände ersetzen. Das wiederum tun wir nicht nur, um mehr Selbstbeherrschung zu gewinnen, sondern auch, weil wir viel besser in der Lage sind, mitfühlend zum Wohl anderer zu denken und zu handeln, wenn wir diese Art der Kontrolle über unseren Geist erreichen.

Außerdem ist es wichtig zu bedenken, dass wir uns nie zur Meditation zwingen sollten. Wie schon gesagt, werden Anfänger immer wieder erleben, dass sie abgelenkt werden. Es dauert seine Zeit, bis man den Geist an die Disziplin gewöhnt hat, die eine formelle meditative Übung erfordert. Daher ist es von entscheidender Bedeutung, dass wir geduldig bleiben und uns nicht entmutigen lassen. Wenn wir feststellen, dass wir zu kämpfen haben, kann das ein Zeichen sein, dass es an der Zeit ist, die Sitzung zu beenden. Die Meditation unter diesen Umständen fortzusetzen, wäre sinnlos.

Je mehr wir kämpfen, umso erschöpfter wird der Geist. Und wenn wir in solchen Situationen weitermachen, werden wir anfangen, eine Abneigung gegen das Meditieren zu entwickeln. Schließlich kann es so weit kommen, dass uns der bloße Anblick des Ortes, an dem wir die Meditation durchführen, widerstrebt. Es ist also wichtig, es nicht bis zu diesem Punkt kommen zu lassen. Sicher, bei der Entwicklung des Geistes geht es um geistige Disziplin, aber sie soll keine Strafe sein, sondern im Gegenteil etwas, an dem wir unsere Freude haben. Wenn uns das gelingt, wird die Freude unsere Fortschritte beschleunigen.

AUSWIRKUNGEN AUF DAS TÄGLICHE LEBEN

Wenn wir im täglichen Leben mit Problemen konfrontiert sind, was jedem von uns von Zeit zu Zeit passiert, kann uns die Übung geistiger Achtsamkeit helfen, einen realistischeren Blick auf die Ursachen der Probleme zu gewinnen. Wenn wir beispielsweise mit jemandem – einem Familienmitglied, einem Arbeitskollegen oder auch einer vollkommen fremden Person – ein heftiges Wortgefecht geführt haben, sollten wir beim Meditieren ein paar Minuten darauf verwenden, den Zwischenfall im Geist zu betrachten und unsere Reaktion darauf zu prüfen. Während wir unseren Kontrahenten dann visualisieren, sollten wir versuchen, ihm gegenüber ein Gefühl der Dankbarkeit zu entwickeln. Das mag im ersten Moment vielleicht seltsam klingen. Doch da unsere Feinde, wie bereits erwähnt, in einem wichtigen Sinne unsere besten Lehrer sind, sind solche Gefühle der Dankbarkeit vollkommen angemessen. Mit diesem Gedanken im Sinn stellen wir uns vor, wie wir uns vor unserem Kontrahenten verneigen. Während wir dies immer und immer wieder tun, wird sich, sofern unsere Haltung aufrichtig und unsere Motivation ehrlich ist, die Feindseligkeit, die wir diesem Menschen gegenüber empfinden, allmählich auflösen, und wir werden fähig sein, stattdessen ein Gefühl mitfühlender Liebe in uns zu erzeugen.

Der Sinn der hier beschriebenen Übungen zum Trainieren des Geistes besteht, insbesondere aus der Perspektive einer säkularen Ethik, darin, uns zu gelasseneren, mitfühlenderen und urteilsfähigeren Menschen zu machen. Aber sie können auch in anderen Bereichen unseres Lebens von Nutzen sein. Vor allem, wenn wir eine fortgeschrittenere Stufe erreicht haben, erzeugen wir einen Zustand innerer Stabilität, in dem wir weniger anfällig sind für Übererregtheit einerseits und Niedergeschlagenheit andererseits. Auf diese Weise schützt uns das Meditieren vor dem Stress, der entsteht, wenn wir die Höhen und Tiefen des Lebens allzu heftig spüren. Das soll nicht heißen, dass der Geist beim Praktizieren betäubt wird. Vielmehr geht es darum, allzu aufbrausende Gefühle im Zaum zu halten. Das geistige Training hindert uns nicht daran, das Leben in seiner ganzen Fülle zu erfahren, aber es hilft uns, uns in unseren Reaktionen darauf zu mäßigen.

Das mag wie die Gebrauchsanleitung für ein langweiliges Leben klingen, aber wenn wir uns einen Moment Zeit nehmen, um darüber nachzudenken, werden wir zu der Erkenntnis kommen, dass es kein besonders befriedigender Zustand ist, in einem kleinen Boot zu sitzen und in stürmischer See von der Wucht der Wellen hin und her geworfen zu werden. Und es ist auch nicht sonderlich hilfreich, wenn das Licht in unserem Zimmer in dem einen Moment so hell ist, dass wir kaum noch etwas sehen können, und im nächsten Augenblick so dunkel, dass wir überhaupt nichts mehr sehen. Was wir brauchen, ist ein mildes, gleichmäßiges Licht, in dem wir die Objekte in unserer Umgebung deutlich sehen können. Wenn wir ein bestimmtes Maß an Kontrolle über unseren Geist gewinnen, sind wir in der Lage, mit positiven wie mit negativen Erfahrungen besser fertigzuwerden.

So wie es nicht darum geht, den Geist zu betäuben, sage ich auch nicht, dass wir lernen sollten, negative Gefühle vollkommen zu beherrschen. Das würde sehr große Anstrengung über einen sehr langen Zeitraum hinweg erfordern. Ich spreche vielmehr von dem bescheideneren Ziel, eine Art gewohnheitsmäßiges Geerdetsein zu erreichen. Ein solcher Zustand zeichnet sich durch eine natürliche Demut und eine stabile innere Ruhe aus. Diese Eigenschaften wiederum machen den Geist in unserem Streben, Mitgefühl zu entwickeln, lenkbarer.

Zusammenfassend ist zu sagen: Bei den Übungen zur mentalen Weiterentwicklung liegt der Schlüssel zum Erfolg in der mäßigen Anstrengung über einen langen Zeitraum hinweg. Wir werden zwangsläufig scheitern, wenn wir anfangs zu hart arbeiten oder zu viel auf einmal erreichen wollen, denn dann ist die Wahrscheinlichkeit groß, dass wir nach kurzer Zeit aufgeben. Eine gute Meditationspraxis setzt einen gleichmäßigen Fluss des Bemühens voraus: eine beharrliche, ausdauernde Herangehensweise, die auf einer langfristigen Hingabe beruht. Aus diesem Grund ist es das Beste, richtig zu praktizieren, auch wenn es nur für eine kurze Zeitspanne ist. Was zählt, ist Qualität, nicht Quantität. Denn eines sollten wir nie vergessen: Der eigentliche Sinn und Zweck unserer Übungen besteht darin, dass wir zu mitfühlenderen Menschen werden.

SCHLUSSBEMERKUNG

In diesem Buch habe ich versucht zu skizzieren, was meiner Meinung nach die Schlüsselelemente eines Ansatzes für eine rein säkulare Ethik und eines Plädoyers für die elementaren menschlichen Werte sind. Ich habe mich diesem Anliegen verschrieben, seit mir klar geworden ist, dass kein einzelnes Religionssystem je darauf hoffen kann, alle Menschen zufriedenzustellen. Dazu sind die inneren Einstellungen der sieben Milliarden Bewohner unseres Planeten zu verschieden.

In dem Entschluss, dieses Projekt zu verwirklichen, kommt meine feste Überzeugung zum Ausdruck, dass es weitreichende Folgen haben wird, wenn jeder von uns lernt, die grundlegende Bedeutung einer ethischen Lebensführung zu erkennen, und auf der Basis dieser Erkenntnis innere Werte wie Mitgefühl und Geduld zu einem integralen Bestandteil seiner Grundeinstellung zum Leben macht. Wenn wir das tun, wird dies, wie ich hoffentlich zeigen konnte, auf der individuellen Ebene dazu beitragen, dass wir glücklicher sind und ein Gefühl echter Sinnhaftigkeit im Leben gewinnen. Und auf der gesellschaftlichen Ebene besteht, wenn immer mehr Menschen am gleichen Strang ziehen, eine reelle Chance, dass wir uns zielstrebig auf eine Kultur zubewegen, die weniger materiell ausgerichtet ist und stattdessen den inneren, spirituellen Ressourcen des Menschen größere Bedeutung zumisst. Die positiven Auswirkungen einer solchen Entwicklung werden allen gemeinsam zugutekommen.

Ich werde oft gefragt, ob ich optimistisch in die Zukunft der Menschheit blicke. Meine Antwort ist ein schlichtes Ja. Zu Beginn des 20. Jahrhunderts waren die meisten Menschen beispielsweise der Überzeugung, schwere Konflikte seien nur durch Gewalt zu lösen. Glücklicherweise ist diese Ansicht nicht mehr sonderlich verbreitet. Überall auf der Welt haben die Menschen genug von Kriegen und suchen ernsthaft nach Wegen, Differenzen gewaltlos zu lösen. Desgleichen herrschte bis vor relativ kurzer Zeit noch die Auffassung, Wissenschaft und Spiritualität seien nicht miteinander vereinbar, während heute, da die Wissenschaft immer weiter zum Wesen der Wirklichkeit vordringt, die Erkenntnis wächst, dass sich die beiden Bereiche menschlichen Strebens tatsächlich gegenseitig ergänzen. Während vor gar nicht langer Zeit nur wenigen Menschen die Auswirkung unseres Verhalten auf unsere Umwelt bewusst war, sind sich heute fast alle darin einig, dass wir die ökologischen Folgen unseres Tuns, vor allem im Bereich der wirtschaftlichen Entwicklung, berücksichtigen müssen. Und schließlich hat der im starken Verhaftetsein mit dem eigenen Land wurzelnde Nationalismus, der noch bis gegen Ende des 20. Jahrhunderts eine starke politische Kraft war, dank der zunehmenden Vernetzung durch moderne Kommunikationsmittel und Massenmigration viel von seiner Anziehung verloren. Die Folge ist, dass die Zusammengehörigkeit und die wechselseitige Abhängigkeit der Menschen voneinander zunehmend als selbstverständlich angesehen werden. Das sind nur einige der Gründe für meinen Optimismus.

Im Übrigen habe ich immer an die Macht des Einzelnen geglaubt. Viele der großen Errungenschaften, die im Lauf der Geschichte die Entwicklung der Menschheit verändert haben, gingen auf die Initiative Einzelner zurück. Und jedes Mal stand am Anfang eine Vision und der Glaube an eine bessere Welt. Ob es sich um William Wilberforces Kampf gegen den Sklavenhandel, Mahatma Gandhis gewaltfreien Weg des Widerstands, Martin Luther Kings Bürgerrechtsbewegung oder Jody Williams' Kampagne zum Verbot von Landminen handelt – die treibende Kraft waren in allen Fällen Einzelne. Und ebenso waren es viele Einzelne, die durch ihre Unterstützung der verschiedenen Bewegungen zu den dauerhaften Veränderungen beigetragen haben. Aus der Tatsache, dass die Gesellschaft selbst nichts anderes ist als eine Ansammlung von Individuen, folgt, dass jeder Einzelne einen Beitrag leisten muss, wenn wir die Gesellschaft verändern wollen.

Die Menschen meiner Generation gehören zum 20. Jahrhundert, das bereits Vergangenheit ist. In jenem Jahrhundert haben wir mit vielen Dingen experimentiert, unter anderem mit der Kriegsführung im großen Stil. Das furchtbare Leid, das dadurch verursacht wurde, hat uns, so meine ich, ein wenig reifer und ein wenig klüger gemacht. In demselben Jahrhundert haben wir hinsichtlich der materiellen Entwicklung unglaublich viel erreicht. Aber gleichzeitig haben wir soziale Ungerechtigkeiten geschaffen und unserer Umwelt immense Schäden zugefügt, und beides stellt uns heute vor Probleme. Jetzt ist es an der Jugend, eine bessere Welt zu schaffen als die, die wir ihr vererben. Auf ihren Schultern liegt eine schwere Last.

Vor diesem Hintergrund und auch angesichts der Tatsache, dass gesellschaftliche Veränderungen nur durch die Anstrengungen Einzelner bewirkt werden können, muss ein wichtiger Aspekt unseres Umgangs mit den Problemen der Welt die Bildung und Erziehung der nächsten Generation sein. Das ist einer der Gründe, warum ich auf meinen Reisen immer den Kontakt mit jungen Menschen suche und Zeit mit ihnen verbringe. Ich habe den Wunsch und die Hoffnung, dass die offiziellen Bildungssysteme eines Tages den Wert dessen erkennen, was ich als »Bildung des Herzens« bezeichne. Ich hoffe, dass der Tag kommen wird, an dem es für uns ebenso selbstverständlich ist, dass Kindern im Rahmen ihres schulischen Lehrplans unverzichtbare innere Werte wie Liebe, Mitgefühl, Gerechtigkeit und Versöhnlichkeit vermittelt werden, wie es heute eine Selbstverständlichkeit ist, dass sie in der Schule eine solide Wissensgrundlage in den wissenschaftlichen Standardfächern erwerben.

Ich blicke mit Freude dem Tag entgegen, an dem Kinder, weil sie in der Schule die Grundsätze der Gewaltlosigkeit und der friedlichen Konfliktlösung verinnerlicht haben, sich ihrer Gefühle und Empfindungen bewusster sind und Verantwortung für sich selbst und für die Welt als Ganzes übernehmen. Ist das nicht eine wunderbare Vorstellung?

Lassen Sie uns alle, ob Alt oder Jung – nicht als Bürger dieser oder jener Nation, nicht als Anhänger dieses oder jenes Glaubens, sondern als einzelne Mitglieder unserer großen siebenmilliardenköpfigen Menschenfamilie –, mit Vorstellungskraft, Mut und Optimismus danach streben, diese bessere Welt zu schaffen. Das ist meine demütige Bitte.

Gemessen an der Lebensspanne des Universums ist das irdische Dasein des Menschen nur ein winziges Flackern. Jeder von uns ist nur ein Besucher auf diesem Planeten, ein Gast, dessen Aufenthaltsdauer beschränkt ist. Welche größere Dummheit könnten wir begehen, als diese kurze Zeit einsam, unglücklich und im Zwist mit unseren Mitbesuchern zu verbringen? Erheblich besser ist es sicherlich, in der kurzen Zeit, die wir haben, ein sinnerfülltes Leben zu führen, das bereichert ist durch das Gefühl der Verbundenheit mit anderen, für deren Wohl wir uns einsetzen.

Der größte Teil des 21. Jahrhunderts liegt noch vor uns, es ist erst ein Jahrzehnt vergangen. Möge dies ein Jahrhundert des Friedens sein, ein Jahrhundert des Dialogs und ein Jahrhundert, in dem eine fürsorglichere, verantwortungsvollere und mitfühlendere Menschheit hervortreten wird. Das ist meine Hoffnung. Und das ist auch mein Gebet.

Wahres Glück kommt von innen

Master Han Shan
DAS GEHEIMNIS
DES LOSLASSENS
Der Schlüssel zu wahrem
Glück und innerem
Wohlbefinden
208 Seiten
ISBN 978-3-431-03837-8

Egal ob das neueste Handy, die überfällige Beförderung oder die anstehende Urlaubsreise: Stets glauben wir, nur durch die Erfüllung unserer Wünsche glücklich sein zu können. Doch es ist nie genug, das Glück ist von kurzer Dauer und wir wollen immer mehr. Master Han Shan zeigt mithilfe der buddhistischen Grundsätze, wie man aus diesem Teufelskreis des Verlangens ausbrechen kann. Dabei heißt Loslassen nicht, nichts haben zu wollen, sondern nur: im Hier und Jetzt leben. Wenn Sie dem Prinzip des Loslassens folgen, können Sie sich von Ihrem Alltagsdruck befreien, neue Kräfte in sich selbst aktivieren und Ihr Leben endlich so frei und zufrieden führen, wie Sie es schon immer wollten.

Lübbe Ehrenwirth